DA RELAÇÃO COM O SABER

Elementos para uma teoria

C479d Charlot, Bernard
       Da relação com o saber: elementos para uma teoria / Bernard Charlot ; tradução Bruno Magne. — Porto Alegre : Artmed, 2000.
       96 p. ; 23 cm.

       ISBN 978-85-7307-631-8

       1. Filosofia da educação. I. Título.

       CDU 37.017

Catalogação na publicação: Mônica Ballejo Canto – CRB 10/1023

DA RELAÇÃO COM O SABER

Elementos para uma teoria

Bernard Charlot
Professeur de sciences de l' éducation à l' Université Paris VIII Saint-Denis

Tradução:
Bruno Magne

Consultoria, supervisão e revisão técnica desta edição:
Carmem Maria Craidy
Doutora em Educação pela Faculdade de Educação da UFRGS.
Professora Titular da Faculdade de Educação da UFRGS.

Maria Luiza de Carvalho Armando
Doutora em Letras pela Université de Paris – III Sorbonne Nouvelle.
Professora da UFRGS.

Reimpressão 2007

artmed®

2000

Obra originalmente publicada sob o título
Du Rapport au Savoir
Éléments pour une théorie
© 1997 Editions Economica, Paris

Capa: Mário Röhnelt

Preparação do original
Supervisão editorial   **artmed®**
Composição e arte   EDITO**g**RÁFICA

Reservados todos os direitos de publicação, em língua portuguesa, à
ARTMED® EDITORA S.A.
Av. Jerônimo de Ornelas, 670 - Santana
90040-340 Porto Alegre RS
Fone (51) 3027-7000 Fax (51) 3027-7070

É proibida a duplicação ou reprodução deste volume, no todo ou em parte,
sob quaisquer formas ou por quaisquer meios (eletrônico, mecânico, gravação,
fotocópia, distribuição na Web e outros), sem permissão expressa da Editora.

SÃO PAULO
Av. Angélica, 1091 - Higienópolis
01227-100 São Paulo SP
Fone (11) 3665-1100 Fax (11) 3667-1333

SAC 0800 703-3444

IMPRESSO NO BRSIL
PRINTED IN BRAZIL
Impresso sob demanda na Meta Brasil a pedido de Grupo A Educação.

Para Marie-Louise, meu presente
Para Manon, meu depois de amanhã...

SUMÁRIO

Introdução 9

CAPÍTULO 1 **"O fracasso escolar": um objeto de pesquisa inencontrável** 13
    1 Os pesquisadores e os objetos "sociomediáticos" 13
    2 "O fracasso escolar" não existe; o que existe são alunos em
       situação de fracasso 16

CAPÍTULO 2 **Serão a reprodução, a origem social e as deficiências "a
causa do fracasso escolar"?** 19
    1 As sociologias da diferença 19
    2 A origem social não é a causa do fracasso escolar 23
    3 Os alunos em situação de fracasso não são deficientes socioculturais 25
    4 Da leitura negativa à leitura positiva 29

CAPÍTULO 3 **Por uma sociologia do sujeito** 33
    1 Uma sociologia sem sujeito: Durkheim e Bourdieu 34
    2 Uma sociologia da subjetivação: Dubet 38
    3 O "fantasma de outrem que cada um carrega em si":
       uma incursão no terreno dos psicólogos 45

CAPÍTULO 4 **O "filho do homem": obrigado a aprender para ser (uma
perspectiva antropológica)** 51
    1 Nascer é estar submetido à obrigação de aprender 51
    2 Mobilização, atividade, sentido: definição de conceitos 54

CAPÍTULO 5 **O saber e as figuras do aprender** 59
    1 Não há saber sem relação com o saber 60
    2 As figuras do "aprender" 65
       2.1 As figuras do aprender: referências 66
       2.2 A relação epistêmica com o saber 68
       2.3 A relação de identidade com o saber 72
       2.4 A relação social com o saber 73

CAPÍTULO 6 **A relação com o saber: conceitos e definições** 77
    1 O conceito de relação com o saber 77
    2 A relação com o saber como objeto de pesquisa 79
    3 As definições da relação com o saber 80
    4 Relação com o saber e desejo de saber 81
    5 Relação com o saber e representação do saber 83
    6 Relação com o saber e relações de saber 84

Conclusão 87
Referências Bibliográficas 91

INTRODUÇÃO

Por que será que certos alunos fracassam na escola? Por que será que esse fracasso é mais freqüente entre as famílias de categorias sociais populares[1] do que em outras famílias? Mais ainda: por que será que certas crianças dos meios populares alcançam, apesar de tudo, sucesso em seus estudos, como se elas conseguissem esgueirar-se pelos interstícios estatísticos?

Tais são, em sua forma bruta, as questões que presidiram o nascimento da equipe de pesquisa ESCOL[2], em 1987, e que, ainda hoje, constituem o horizonte de seus trabalhos. Para tentar respondê-las, a ESCOL desenvolve pesquisas sobre as relações com o saber e com a escola de jovens que freqüentam estabelecimentos de ensino em subúrbios. A pesquisa inicial teve como objeto os "colégios"* de ensino médio e, em menor número, escolas do primeiro grau** (Charlot, Baudier e Rochex, 1992). A seguir, a equipe interessou-se pelos liceus: Élisabeth Bautier e Jean-Yves Rochex trabalharam sobre os "colégios" gerais e técnicos e eu trabalhei[3] sobre os "colégios" profissionalizantes; essas pesquisas originaram dois livros, atualmente em fase de redação.

Não basta, porém, coletar dados; deve-se também saber exatamente o que se procura. E isso é ainda mais necessário quando se aborda uma questão antiga de uma forma relativamente nova. Portanto, é precisamente esse o nosso objetivo. Estamos trabalhando sobre a questão do fracasso escolar, um campo saturado de teorias construídas e opiniões de senso comum. Abordamos essa clássica questão na perspectiva da relação com o saber e a escola. Ora, apesar da propagação da expressão "relação com o saber", não se dispõe por ora de uma teoria da relação com o saber suficientemente estabelecida para

---

* N. de R. T. O ensino secundário na França é dividido em dois ciclos: primeiro e segundo. O primeiro ciclo (quatro anos) é o collège e o segundo (3 anos) é o lycée. No nosso sistema antigo, o collège corresponderia ao ginásio e o lycée, ao clássico ou científico. Pode ser público ou privado, mas a maioria das escolas são públicas. **Fonte**: Charlot, B. *Relação com o saber entre a escola e os estudantes da periferia*. Trad. Neide Luzia de Rezende. São Paulo: Fundação Carlos Chagas, Caderno de Pesquisa, n[o.] 97, p.47-63, maio 1996.

** N. de R. T. No sistema de ensino francês o 1[o.] grau corrsponde ao ensino primário, tem cinco anos e abrange o último ano do equivalente a nossa pré-escola e as quatro séries seguintes.

que a pesquisa possa apoiar-se em fundamentos firmes e estáveis. Quando os membros da equipe ESCOL apresentam suas pesquisas, internamente ou para outras equipes, ou quando cada um de nós trabalha na interpretação de seus dados, evidencia-se de imediato a necessidade de um aprofundamento conceitual e teórico.

Tínhamos postergado esse aprofundamento por acreditar ser mais urgente ampliar para o liceu nossas pesquisas anteriores sobre a escola do primeiro grau e o "colégios". Mas, quando comecei a redigir o livro sobre os alunos dos liceus profissionalizantes, pareceu-me indispensável explicar por que eu situava em termos de relação com o saber questões usualmente tratadas em termos de fracasso escolar, origem social ou, até, deficiências socioculturais. A questão não é simples... e o texto se ampliou! Assim foi que construí, sem que fosse essa a minha intenção inicial, um texto de elaboração teórica[4] e decidi, finalmente, publicá-lo sob a forma de livro.

Por que estudar o fracasso (ou sucesso) escolar em termos de relação com o saber? Que se deve entender, exatamente, por "relação com o saber"? São essas as duas questões, relacionadas, que são abordadas neste livro.

O primeiro capítulo explica que o "fracasso escolar" é um objeto sociomediático que não pode ser considerado tal qual como objeto de pesquisa: para se analisar os fenômenos usualmente designados como "fracasso escolar", é preciso construir um objeto preciso de pesquisa.

O segundo capítulo aborda o objeto que a sociologia da reprodução constrói para estudar o fracasso escolar: as diferenças entre posições sociais. Analisa também a idéia segundo a qual a origem social e as deficiências socioculturais seriam causas do fracasso escolar.

O terceiro capítulo amplia as análises anteriores e esboça o esforço de construção teórica que virá a seguir. Propõe a idéia de uma sociologia do sujeito, a partir de um estudo crítico dos trabalhos de Pierre Bourdieu, de François Dubet e de um livro recente que a equipe de pesquisa coordenada por Jacky Beillerot dedicou à relação com o saber, numa perspectiva psicanalítica.

Os quarto, quinto e sexto capítulos envolvem a relação com o saber considerada como um objeto de pesquisa que permite estudar o "fracasso escolar" de outra maneira que não a clássica. O quarto capítulo procura inserir o conceito de relação com o saber no quadro de uma abordagem antropológica da condição do "filho do homem". O quinto é dedicado às diversas figuras do "aprender". O sexto esclarece o conceito de relação com o saber e propõe definições para esse mesmo conceito.

Notas

1. Não nos engana a aparente evidência dessa expressão. Na verdade, não se sabe como designar e definir essas famílias ditas "populares" e "desfavorecidas". Considerarei aqui como "populares" aquelas famílias que ocupam uma "posição dominada" na sociedade, vivem em situações de pobreza ou precariedade, produzem uma configuração teórica e prática do mundo que traduz ao mesmo tempo sua posição dominada e os meios implementados para viver ou sobreviver nessa posição e, às vezes, transformar as relações de força.

2. Educação, Socialização e Coletividades Locais (Departamento das Ciências da Educação, Universidade Paris-VIII, Saint-Denis).

3. Neste livro, o enunciador será designado às vezes por "eu", outras vezes por "nós". Por "eu" quando se tratar de mim enquanto autor do texto ou pessoa empírica. Por "nós" quando a ESCOL for citada como equipe de pesquisa.

4. Será necessário esclarecer que não pretendo em absoluto esgotar aqui a questão, propondo fundamentos que pudessem ser considerados como definitivos? Mais modestamente, meu propósito é contribuir para um aprofundamento teórico que dê um estatuto de conceito à "relação com o saber" – e evite que se torne uma expressão para todo uso.

CAPÍTULO

1

"O FRACASSO ESCOLAR": UM OBJETO DE PESQUISA INENCONTRÁVEL

Certos objetos do discurso social e dos meios de comunicação de massa têm adquirido tamanho grau de evidência, que os pesquisadores correm o risco de deixar-se enganar. Assim acontece, por exemplo, com a "exclusão", a "crise do ensino" ou o "fracasso escolar", que é a questão abordada neste livro.

1 Os pesquisadores e os objetos "sociomediáticos"

Tais objetos remetem sempre a práticas ou situações e supostamente explicam o "vivido" e a "experiência". Os docentes recebem diariamente em suas salas de aula alunos que não conseguem aprender o que se quer que eles aprendam, os dispositivos de inserção acolhem diariamente jovens sem diploma e às vezes sem pontos de referência: nessas condições, como negar a "realidade" do fracasso escolar? É verdade que esses jovens existem e que essas situações ocorrem. Nem por isso, o "fracasso escolar" é um "fato", que a "experiência" permitiria "constatar". A expressão "fracasso escolar" é uma certa maneira de verbalizar a experiência, a vivência e a prática; e, por essa razão, uma certa maneira de recortar, interpretar e categorizar o mundo social. Quanto mais ampla a categoria assim construída, mais polissêmica e ambígua ela é. Dessa maneira, a noção de fracasso escolar é utilizada para exprimir tanto a reprovação em uma determinada série quanto a não-aquisição de certos conhecimentos ou competências; refere-se, tanto aos alunos da primeira série do primeiro grau que não aprendem a ler em um ano, como aos que fracassam no "bacharelado"*, ou até no primeiro ciclo superior; ela se tornou, mesmo, tão extensa, que uma espécie de pensamento automático tende hoje a associá-la à imigração, ao desemprego, à violência, à periferia... Uma noção que recobre tantas coisas e que remete a tantos processos, situações e problemas, ainda por cima tão diferentes entre si, deveria aparecer como confusa e vaga. Na verdade, não é assim: cada manifestação do "fracasso escolar", por mais diferente que seja das outras, tende, ao contrário, a confirmar o caráter de evidência dessa noção.

Com efeito, tais objetos de discurso não têm função analítica; antes são o que eu chamarei "atrativos" ideológicos. Por um lado, sua evidência lhes permite impor-se pouco a pouco como categorias imediatas de percepção da realidade social: "fracasso escolar" é uma chave disponível para interpretar o que está ocorrendo nas salas de aula, nos estabelecimentos de ensino, em certos bairros, em certas situações sociais. Por outro lado, se esses objetos de discurso adquiriram tamanha evidência, se seu peso social e "mediático" tornou-se tão grande, é porque eles são portadores de múltiplos desafios profissionais, identitários, econômicos, sociopolíticos. A questão do fracasso escolar remete para muitos debates: sobre o aprendizado, obviamente, mas também sobre a eficácia dos docentes, sobre o serviço público, sobre a igualdade das "chances", sobre os recursos que o país deve investir em seu sistema educativo, sobre a "crise", sobre os modos de vida e o trabalho na sociedade de amanhã, sobre as formas de cidadania, etc. Todas as noções que encobrem, pois, práticas e experiências muito diversas e se beneficiam ao mesmo tempo de uma espécie de evidência encontram-se na encruzilhada de múltiplas relações sociais. Enquanto "noções-encruzilhada", exercem um papel de "atrativo". Enquanto inscritas em relações sociais de natureza diversa, prestam-se muito bem para um uso ideológico: o debate sobre o fracasso escolar enquanto desigualdade social pode ser desviado para a questão da ineficácia pedagógica dos docentes... e vice-versa.

Esses objetos de discurso que se transformaram em categorias "evidentes" de percepção do mundo e que funcionam como atrativos ideológicos tendem a impor-se ao pesquisador. Este corre constantemente o risco de ver-se "repassar" objetos sociomediáticos como objetos de pesquisa, no sentido em que se faz "repassar" dinheiro falso (ou uma doença...). Por um lado, parece

---

*N. de R.T. O bacharelado (*baccalauréat*) é um exame nacional de Estado que só podem prestar os alunos que concluiram o ensino de nível médio e que habilita, entre outras coisas, ao ingresso na Universidade.

não haver dúvida : esses objetos existem e devem ser estudados. Por outro lado, os desafios envolvidos nesses objetos e seu impacto social e mediático trazem demandas de pesquisa e os financiamentos que as acompanham. Esperar-se-á do pesquisador, pois, que descubra "a causa" do fracasso escolar, assim como se pôde descobrir o bacilo de Koch ou o vírus da Aids.

Frente a essa demanda, o pesquisador aceita às vezes comportar-se como *expert* – até como exorcista...[1]. O *expert* aceita o objeto que lhe é proposto, a questão que lhe é submetida, e responde na linguagem de quem levantou a questão. A caraterística do pesquisador é a de questionar a questão que lhe é feita, interrogar os termos nos quais ela é formulada. Deve desconstruir e reconstruir o objeto que lhe é proposto e a questão que lhe é submetida. Isso é muito difícil, tanto mais, que esse objeto parece amiúde evidente para o próprio pesquisador, o qual se vê preso, enquanto pessoa particular, nos desafios ideológicos que conferem uma aparente consistência ao objeto[2]. Além disso, o objeto de discurso tem freqüentemente "fagocitado" os resultados de pesquisas anteriores, de maneira que o pesquisador acredita encontrar aí os seus; assim, os atuais discursos dos docentes e da mídia sobre o fracasso escolar integraram, após transmutação, parte das sociologias da reprodução dos anos 60 e 70.

O pesquisador deve, portanto, procurar voltar a uma certa ingenuidade pré-sociológica para proteger-se contra as evidências; ciente ao mesmo tempo, se leu Bachelard e Bourdieu, de que ninguém pode ser epistemológica e sociologicamente virgem. Procurará descrever os fenômenos, com fineza e reduzindo o quanto possível (e isso nunca é totalmente possível) a parte inicial de interpretação. Dará a palavra àqueles que se envolveram nas situações e práticas que está estudando; ciente ao mesmo tempo de que ninguém é transparente para si próprio e que "dizer sua prática" é sempre pô-la em palavras e, pois, interpretá-la, teorizá-la. Descrever, escutar: o pesquisador situa-se então o mais próximo possível dos fenômenos que está estudando, num esforço para não se deixar impor, sem sequer perceber, um objeto de pesquisa pré-construído e as palavras para dizê-lo. Mas, se o pesquisador for realmente ingênuo, se sua ingenuidade for outra coisa mais que um esforço heurístico e controlado para proteger-se das evidências, ele aceitará como verdadeiro o que observar e o que ouvir. Por isso, deve também interrogar-se sobre a maneira como os que ele está observando e que lhe falam (bem como ele mesmo) organizam e categorizam o mundo: como eles vêem os alunos, os professores, seu trabalho, a escola, e, enfim os homens, a sociedade e o mundo? Para que não lhe imponham objetos "sociomediáticos" como objetos de pesquisa, ele deve circunscrever o máximo possível os fenômenos, mas também manter-se a distância e sempre voltar aos fundamentos: descrever e escutar, mas também conceitualizar e teorizar. A construção do objeto de pesquisa procede desse duplo movimento de imersão no objeto e distanciamento teórico. Sem o primeiro, a teoria não sabe do que está falando. Sem o segundo, o pesquisador ignora qual a linguagem que está utilizando.

Descrever, ouvir, teorizar: foi isso que fizemos em nossa pesquisa sobre o "colégio" e a escola primária e continuamos fazendo-o em nossas pesquisas sobre liceus. Não é fácil, porém, conduzir tudo ao mesmo tempo e fazer coabitar formas diferentes de escrita. Este livro é um momento em um processo de pesquisa que o antecedeu e que prosseguirá: um momento deliberadamente centrado na teorização e na questão dos fundamentos.

2 "O fracasso escolar" não existe; o que existe são alunos em situação de fracasso

Por que estudarmos a relação dos alunos com o saber e, não, o fracasso escolar, visto ser ele que nos interessa diretamente? Porque, estritamente falando, não existe o "fracasso escolar". É verdade que os fenômenos designados sob a denominação de fracasso escolar são mesmo reais. Mas não existe um objeto "fracasso escolar", analisável como tal. Para estudar o que se chama o fracasso escolar, deve-se, portanto, definir um objeto que possa ser analisado. Detenhamo-nos um pouco nesse ponto.

Existem, é claro, alunos que não conseguem acompanhar o ensino que lhes é dispensado, que não adquirem os saberes que supostamente deveriam adquirir, que não constroem certas competências, que não são orientados para a habilitação que desejariam, alunos que naufragam e reagem com condutas de retração, desordem, agressão. É o conjunto desses fenômenos, observáveis, comprovados, que a opinião, a mídia, os docentes agrupam sob o nome de "fracasso escolar".

Mas esse não passa de um nome genérico, um modo cômodo para designar um conjunto de fenômenos que têm, ao que parece, algum parentesco. O problema é que se tem pouco a pouco reificado esse nome genérico, como se existisse uma *coisa* chamada "fracasso escolar". Afirmar que o "fracasso escolar" não existe, é recusar esse modo de pensar sob o qual insinuam-se as idéias de doença, tara congênita, contágio, evento fatal. Ao escutarmos tais discursos, temos amiúde o sentimento de que se é hoje "vítima" do fracasso escolar, assim como outrora éramos da peste. O fracasso escolar não é um monstro escondido no fundo das escolas e que se joga sobre as crianças mais frágeis, um monstro que a pesquisa deveria desemboscar, domesticar, abater. O "fracasso escolar" não existe; o que existe são alunos fracassados, situações de fracasso, histórias escolares que terminam mal. Esses alunos, essas situações, essas histórias é que devem ser analisados, e não algum objeto misterioso, ou algum vírus resistente, chamado "fracasso escolar".

Essa análise, porém, se defronta com uma dificuldade particular: a noção de fracasso escolar remete para fenômenos designados por uma ausência, uma recusa, uma transgressão – ausência de resultados, de saberes, de competência, recusa de estudar, transgressão das regras... O fracasso escolar[3] é "não ter", "não ser". Como pensar aquilo que não é? Não se pode fazê-lo diretamente, pois é impossível pensar o não-ser. Mas se pode fazer isso indiretamente. São duas as maneiras de "traduzir" o fracasso escolar para poder pensá-lo.

Pode-se primeiro pensá-lo como desvio, como diferença – isto é, pensar o não-ser em referência ao que, precisamente, ele não é. O fracasso escolar é uma diferença: entre alunos, entre currículos, entre estabelecimentos.

Foi como diferença que a sociologia analisou o fracasso escolar nos anos 60-70. Mais exatamente ainda, como diferença de posições entre alunos: o aluno em situação de fracasso ocupa no espaço escolar uma posição diferente da do aluno em situação de êxito – sendo essas posições avaliadas em termos de notas, indicadores de sucesso, anos de atraso, lugar num sistema escolar hierarquizado, etc. Não somente o fracasso escolar é analisado, então, como diferença de posições, como, também, tais posições só fazem sentido como posições diferentes de outras posições. Com efeito, as posições respectivas, e não essas posições em si, é que permitem falar de fracasso escolar: que um jovem esteja no terceiro ano colegial (aproximadamente 8ª série do ensino fundamental brasileiro) aos 17 anos só tem um sentido quando se sabe que a maioria dos alunos entram no terceiro ano aos 14 ou 15 anos; que uma criança tire um dois de um total de 20 atribuído a um exercício significa, é verdade, que ela não entendeu o exercício; mas não se falará em fracasso escolar se os outros alunos também tiverem uma nota muito baixa. Esse tipo de sociologia não trata, na verdade, senão de diferenças e recorre essencialmente à ferramenta que permite apreender e processar diferenças: a estatística.

Seus resultados têm sido amplamente utilizados para afirmar que a origem social é a causa do fracasso escolar e que os alunos em situação de fracasso padecem deficiências socioculturais: a posição torna-se, então, origem e a diferença é vista como falta. Deveremos interessar-nos por esse tipo de discurso também.

Mas o fracasso escolar não é apenas diferença. É também uma experiência que o aluno vive e interpreta e que pode constituir-se em objeto de pesquisa. Voltar-se-á, então, aos fenômenos empíricos que a expressão "fracasso escolar" designa: as situações nas quais os alunos se encontram em um momento de sua história escolar, as atividades e condutas desses alunos, seus discursos. Não se deve esquecer, no entanto, que a experiência escolar do aluno em situação de fracasso traz a marca da diferença e da falta: ele encontra dificuldades em certas situações, ou orientações que lhe são impostas, ele constrói uma imagem desvalorizada de si ou, ao contrário, consegue acalmar esse sofrimento narcísico que é o fracasso, etc. O fracasso escolar é estudado então "de dentro", como *experiência* do fracasso escolar.

Pode-se, aliás, em um segundo tempo, proceder a uma comparação das experiências escolares dos alunos, conforme estiverem em situação de sucesso ou de fracasso. Volta-se, então, a uma análise em termos de diferenças, mas diferenças, dessa vez, na relação com o saber e a escola, e não mais (apenas) diferenças entre posições no espaço escolar.

Essas duas maneiras de "traduzir" a idéia vaga de fracasso escolar em um "objeto de pesquisa" são legítimas e ambas produzem um saber sobre o que o senso comum chama "fracasso escolar". Porém, não se equivalem: não produzem um saber sobre os mesmos objetos, embora ambas lidem, aparentemente, com o "fracasso escolar". A primeira, a que raciocina em termos de diferenças de posições, carateriza as sociologias que são grandes consumidoras de estatísticas, notadamente as sociologias ditas da reprodução. Lembrarei seus ganhos e limites e salientarei os erros de interpretação aos quais deram lugar. A segunda, centrada nas situações, nas histórias, nas condutas, nos discursos, é a que a equipe ESCOL adota em suas pesquisas sobre a relação com o saber.

Notas

1. Segundo o dicionário *Robert*, o exorcismo é uma "prática religiosa ou mágica dirigida contra os demônios", "o que afasta um tormento, uma angústia". Definições essas que me parecem bastante aplicáveis a certos relatórios produzidos sobre a escola, a exclusão, as políticas urbanas, o trabalho, etc.

2. Eu mesmo considerei, durante muito tempo, evidente a necessidade de estudar o "fracasso escolar" e só progressivamente é que entendi que, se quisermos entender melhor os fenômenos assim rotulados, é preciso interessar-se (especialmente) pela relação com o saber.

3. Continuarei falando em fracasso escolar, para não sobrecarregar o texto com fórmulas como "esse conjunto de fenômenos designados por fracasso escolar". Mas que fique bem claro que essa expressão não remete a algo, mas, sim, a alunos, situações, histórias relacionados a uma ausência.

CAPÍTULO

2

SERÃO A REPRODUÇÃO, A ORIGEM SOCIAL E AS DEFICIÊNCIAS "A CAUSA DO FRACASSO ESCOLAR"?

A sociologia dos anos 60 e 70 analisou o fracasso escolar em termos de diferenças entre posições sociais. Assim, produziu resultados de pesquisa dos mais interessantes mas que, conforme veremos, estão longe de dar conta do conjunto dos fenômenos evocados através da expressão "fracasso escolar". Além disso, foi interpretada pelos docentes e pela opinião geral em termos de origem social, de deficiências e de causalidade, o que é totalmente abusivo. Houve, assim, uma imposição progressiva da "leitura negativa" do fracasso escolar e, mais geralmente, da escolaridade das crianças das famílias de categorias sociais populares.

1 As sociologias da diferença

Para muitos sociólogos, explicar o fracasso escolar é explicar por que – e, às vezes, como – os alunos são levados a ocupar essa ou aquela posição no espaço escolar. É esse o objetivo das sociologias ditas da reprodução que, sob formas diferentes, se desenvolveram nos anos 60 e 70 (Bourdieu e Passeron, 1970; Baudelot e Establet, 1971; Bowles e Gintis, 1976). É esse, ainda hoje, o principal objetivo de certos sociólogos da educação, quer se refiram à idéia de reprodução (Duru-Bellat, 1988; Langouet, 1994), quer não.

Na obra de P. Bourdieu é que essa abordagem encontra sua forma mais acabada. Para compreenderem-se as posições escolares dos alunos (e, portanto, suas futuras posições sociais), é preciso compará-las com as posições sociais dos pais. Mais precisamente ainda, Bourdieu raciocina em termos de sistemas de diferenças: às diferenças de posições sociais dos pais correspondem diferenças de posições escolares dos filhos e, mais tarde, diferenças de posições sociais entre esses filhos na idade adulta. Há a reprodução *das diferenças*. Como se opera essa reprodução? Novamente através de diferenças: às diferenças de posições dos pais correspondem nos filhos diferenças de "capital cultural" e de *habitus* (disposições psíquicas), de maneira que os filhos ocuparão eles próprios posições diferentes na escola.

O que é que assim fica estabelecido? Mostra-se, de maneira clara e irrefutável, que existe uma correlação estatística entre a posição social dos pais e a posição dos filhos no espaço escolar. É essa correlação que a teoria de Bourdieu busca explicar. Mas, que é explicar, para Bourdieu? É mostrar a homologia de estrutura entre sistemas de diferenças.

É importante essa correlação e ela deve ser considerada como um ganho da sociologia da educação; doravante, toda a explicação do fracasso escolar deverá explicá-la, sob pena de, no melhor dos casos, ser incompleta, no pior, mistificadora. Em todo caso, o fracasso escolar "tem alguma coisa a ver" com as desigualdades sociais.

Será, porém, que uma sociologia da diferença pode ir além das correlações, das homologias, da transposição de sistemas de diferenças? Poderá ela explicar por que certos alunos não estudam na escola, não aprendem, não compreendem, refugiam-se na indiferença ou explodem em violência? Não há dúvida de que ela pode afinar o tratamento estatístico graças a métodos como a análise multivariada ou a análise fatorial e fazer aparecerem assim diferenças sutis entre os que aprendem e os que não aprendem, os que se mobilizam na escola e os que se retraem, etc. Por mais interessante que seja, no entanto, uma abordagem do fracasso escolar em termos de posições se defronta com limites que não pode ultrapassar. Esses limites, que exploraremos agora, é que me levam a levantar o problema do fracasso escolar em termos de relação com o saber.

Em 1994-95, 13,2% dos estudantes das universidades da França metropolitana eram filhos de operários (*Repères et références statistiques*, 1996). Esse percentual é interessante por dois motivos. Por um lado, ele permite mensurar a desigualdade social ante a Universidade: os operários representam cerca de 35% da população ativa e deveria ser esse, pois, o percentual de filhos de operários entre os estudantes universitários. Por outro lado, ele lembra que as exceções do destino estatístico estão longe de ser marginais: as universidades recebem mais de 170 mil filhos de operários. Em outras palavras, uma análise em termos de posições não exprime o conjunto do fenômeno a ser explicado: embora seja verdade que os filhos de operários têm menos chances do que outros de aceder à universidade, não menos de 170 mil estavam inscritos em 1994 e 1995. A diferença entre 13,2 e 35% mostra o interesse de uma análise do sistema escolar em termos de posições sociais dos pais. A própria existência desses 13,2% nos leva a não esquecer os limites dessa análise.

Para compreendermos esses limites, devemos primeiro nos interrogar sobre o que entendemos por "posição social" da família.

Na maioria das vezes, os sociólogos escolhem a categoria socioprofissional do pai (CSP)[1] como indicador da posição social da família. Mas é sobretudo a mãe que assume o acompanhamento escolar do filho. Ora, hoje, a maioria das mães exerce uma atividade e pertence, às vezes, a uma CSP diferente da do pai. Por outro lado, nossas pesquisas mostram que em certas famílias, especialmente aquelas oriundas da imigração norte-africana, o personagem-chave em matéria de sucesso escolar não é nem o pai, nem a mãe, mas a irmã mais velha. Ou seja, o espaço familiar não é homogêneo, é permeado por tensões; e a criança deve encontrar aí um posicionamento singular.

Além disso, a posição social da família não pode ser reduzida à categoria socioprofissional dos pais. J.P. Laurens (1992), por exemplo, mostrou que a posição social dos avós podia exercer um efeito sobre a posição escolar das crianças, notadamente em caso de contramobilidade (o filho ganha acesso a uma posição social que era de seu avô e fora perdida pelo pai) ou de imigração (a posição social da família na França sendo, freqüentemente, bastante diferente da que ocupava no país de origem).

Mais ainda: a posição social da família não pode ser apreendida unicamente em termos socioprofissionais; assim, J.P. Terrail (1984b) e J.P. Laurens (1992) mostraram que a prática religiosa e a militância política também podiam ter efeitos sobre a posição escolar das crianças. Semelhante resultado incita a não nos restringirmos às posições das famílias, mas a nos interessarmos também pelas práticas educativas familiares. C. Montandon (1994), entretanto, chega à conclusão de que "é impossível deduzir o conjunto das estratégias das famílias ou de suas atitudes para com a escola da classe social à qual pertencem".

Finalmente, duas crianças que pertencem à mesma família, cujos pais têm, portanto, a mesma posição social, podem obter resultados escolares muito diferentes. Essa constatação nos lembra que uma criança não é apenas "filho de" (ou "filha de"). Ela mesma ocupa uma certa posição na sociedade. Essa posição tem a ver com a dos pais, mas não se reduz a ela e depende também do conjunto das relações que a criança mantém com adultos e outros jovens. A posição da própria criança se constrói ao longo de sua história e é singular.

Para compreender-se o sucesso ou o fracasso escolar dessa criança, essa singularidade deve ser tomada em consideração.

Mas somos levados nesse caso a distinguir a "posição objetiva" e a "posição subjetiva". A noção de posição remete à de lugar (no sentido em que um exército toma suas posições), mas também à de postura (no sentido de: uma má posição provoca fadiga). A posição dos pais, ou da própria criança, é a que ocupam mas, também, a que assumem, o lugar em um espaço social mas, também, a postura que nele adotam. O lugar objetivo, o que pode ser descrito de fora, pode ser reivindicado, aceito, recusado, sentido como insuportável. Pode-se também ocupar outro lugar na mente e comportar-se em referência a essa posição imaginária. Ou seja, não basta saber a posição social dos pais e dos filhos; deve-se também interrogar-se sobre o significado que eles conferem a essa posição.

A essas dificuldades ligadas à definição da noção de posição acrescenta-se um segundo problema: como se opera a passagem da posição social dos pais para a posição escolar dos filhos? Uma teoria como a de Bourdieu estabelece a homologia de estrutura entre sistemas de diferenças (as diferenças escolares entre os filhos correspondem às diferenças sociais entre os pais). Mas uma homologia é uma relação matemática e não um princípio de efetivação. Nada diz da maneira como *se produz*, no tempo, a passagem das diferenças entre pais para as diferenças entre filhos. O próprio Bourdieu fala em "reprodução", em "herdeiros", em "transmissão" de um capital cultural. Se esses termos não fazem senão inscrever a correlação estatística no tempo, para ressaltar que ela traduz uma relação temporal entre duas gerações, são aceitáveis. Mas permanece a questão relativa à forma como a reprodução se efetua, como a herança é transmitida. Esses termos são perigosos, no sentido de que subentendem que a questão está resolvida: uma ação de reprodução, de transmissão, é que explicaria que as diferenças entre pais reapareçam como diferenças entre os filhos. Nesse caso, entretanto, nos vemos presas de uma tautologia: o que explica a reprodução (como constatação de uma correlação estatística) é a reprodução (ação da qual não se sabe nada, a não ser seu resultado: a correlação estatística...)[2]. Na verdade, para essa reprodução (entendida como constatação) ocorrer, é preciso um trabalho, uma atividade, práticas. A posição dos filhos não é "herdada", à maneira de um bem que passasse de uma geração a outra por uma vontade testamental; ela é produzida por um conjunto de práticas familiares: as dos pais (que supervisionam os temas de casa, levam os filhos aos museus, a concertos, em viagens, levam-nos à aula de dança,ao tenis, etc.) e as dos filhos (os "herdeiros" sabem muito bem que não basta ser "filho de" para ter sucesso na escola, mas que é preciso trabalhar, esforçar-se muito). O sucesso na escola não é questão de capital, mas de trabalho; mais exatamente: atividades, práticas.

Ainda assim, isso não é suficiente. Deve-se, com efeito, precisar que se trata de atividades específicas: trata-se de posições escolares e não de qualquer tipo de posição. Tomemos um exemplo. A sociologia tem mostrado que os casamentos não são fruto do acaso: estatisticamente, enamoramo-nos de uma pessoa que pertence ao mesmo meio social. Em outras palavras, os filhos "herdam" também uma posição matrimonial. Mas será que herdamos uma posição matrimonial por meio dos mesmos processos que permitem herdar uma posição escolar? Certamente que não: a "herança" de um marido e de um capital escolar supõem práticas muito diferentes. Se as práticas escolares fossem da mesma natureza que as práticas amorosas, se saberia...[3]. Em outras palavras, uma atividade não depende apenas da posição social dos "agentes", ou de seus pais, mas também das regras que regem essa atividade; se essas regras não são respeitadas, a atividade não alcança sua meta, é ineficaz: o marido desejado não é seduzido, o aluno acaba em situação de fracasso escolar. Cada atividade comporta uma normatividade que lhe é própria. Explicar o fracasso escolar requer, portanto, a análise também das condições de apropriação de um saber.

Resumamos. Para analisarmos o fracasso escolar, devemos levar em consideração:

- o fato de que ele "tem alguma coisa a ver" com a posição social da família – sem por isso reduzir essa posição a um lugar em uma nomenclatura socioprofissional, nem a família a uma posição;
- a singularidade e a história dos indivíduos;
- o significado que eles conferem à sua posição (bem como à sua história, às situações que vivem e à sua própria singularidade);
- sua atividade efetiva, suas práticas;
- a especificidade dessa atividade, que se desenrola (ou não) no campo do saber.

Por mais interessante que seja, a análise do fracasso escolar em termos de diferenças de posições não pode integrar todas essas dimensões. A análise em termos de relação com o saber procura fazê-lo.

Devo agora efetuar o exame crítico de dois avatares da sociologia da reprodução, muito divulgados no meio escolar e na opinião pública: a interpretação do fracasso escolar em termos de origem e deficiências.

2 A origem social não é a causa do fracasso escolar

As sociologias da reprodução têm estabelecido a existência de uma correlação estatística entre as posições sociais dos pais e as posições escolares dos filhos.

Esse é, eu o ressaltei, um resultado de pesquisa muito importante. Mas atribui-se a essas sociologias muito mais do que elas disseram.

Opera-se um primeiro desvio ao afirmar-se a existência de "uma correlação estatística entre a origem social e o sucesso escolar". É verdade que essa fórmula é globalmente exata, porém, traduzir "posição social dos pais" por "origem social", e "sucesso escolar" ou "fracasso escolar" significa desde já correr o risco de uma falsa interpretação: pensam-se mais elementos em "origem", "sucesso", ou "fracasso" do que em "posição"[4].

Um segundo desvio é operado a partir do termo "reprodução". *Reprodução* pode remeter para a idéia de *cópia*, da mesma maneira como se fala da reprodução de uma obra-prima; nesse sentido, pode-se considerar, de maneira metafórica, porém pertinente, que as diferenças entre os filhos são uma reprodução das diferenças entre seus pais. *Reprodução*, porém, é freqüentemente interpretada como *ação* de reproduzir; considera-se, então, muito além do que foi efetivamente mostrado, que a posição dos pais produz a dos filhos.

Se combinarmos esses dois desvios de significado, chegamos à idéia segundo a qual a origem social é a causa do fracasso escolar dos filhos. Houve troca dos objetos: esses não são mais as posições, mas sim a origem e o fracasso. O modo de explicação também foi transformado: explicar não é mais mostrar uma homologia de estrutura, uma transposição de sistemas de diferenças, mas recorrer a uma causa.

Foi exatamente assim que a teoria de Bourdieu e, mais amplamente, as sociologias da reprodução, foram interpretadas pela opinião pública e pelos docentes. Após ter produzido um certo escândalo, a idéia de reprodução foi admitida e até adquiriu tamanha evidência, que serve amiúde de "explicação" para o fracasso escolar: se certas crianças fracassam na escola, seria "por causa" de sua origem familiar; e, hoje, de sua origem "cultural", isto é, "étnica". Essa interpretação é inteiramente abusiva. É verdade que o fracasso escolar tem alguma relação com a desigualdade social. Mas isso não permite, em absoluto, dizer-se que "a origem social é a causa do fracasso escolar"! Por um lado, as sociologias da reprodução lidam com posições e diferenças entre posições e, não, com o conjunto desses fenômenos agrupados sob a expressão "fracasso escolar". Por outro lado, não se pode interpretar uma correlação estatística em termos de causalidade: dois fenômenos podem estar associados estatisticamente sem que um seja a causa do outro (eles podem não ter uma relação direta, mas, sim, serem os efeitos de um terceiro fenômeno).

Para poder ser compreendido para além de um círculo restrito, tomarei um exemplo "intuitivo". Seria fácil estabelecer, em um país do Terceiro Mundo, a existência de uma correlação estatística entre o fato de uma criança morar em um apartamento com banheiro e o fato de ela aprender a ler em um ano[5]: quanto mais alunos que moram em apartamento tiver um docente, mais alunos terá que, no fim do ano, saberão ler. Compreende-se imediatamente o quanto seria irrisório, ridículo até, transformar a correlação estatística em causalidade: tomar banho não ajuda a aprender a ler. No entanto, as variáveis assim postas em correlação têm "alguma coisa a ver": pode-se fazer a hipótese de que existe uma ligação entre os recursos financeiros da família, seu "nível cultural', as práticas educativas que ela implementa e o sucesso dos filhos no aprendizado da leitura. Mas não sabemos como esse sistema de mediações funciona, não sabemos que é que produz, como e por quê. A origem social não é *a causa* do fracasso escolar, assim como os banheiros não são a causa do aprendizado da leitura.

Afirmar que a origem social é a causa do fracasso escolar é cometer dois erros. Por um lado, significa passar de variáveis construídas pelo pesquisador (as posições) para realidades empíricas (designadas como origem ou fracasso escolar). Por outro lado, é interpretar um vínculo, também construído (a correlação) em termos de causa efetiva, de ação empírica. É verdade que o fracasso escolar "tem alguma coisa a ver" com a origem social (caso contrário, não haveria nenhuma correlação entre as duas variáveis), mas a origem social não produz o fracasso escolar. Uma das funções da pesquisa é precisamente transformar esse "alguma coisa a ver" em enunciados claros e rigorosos.

3 Os alunos em situação de fracasso não são deficientes socioculturais

As sociologias da reprodução raciocinam em termos de diferenças de posições. Acabamos de ver que essas sociologias recebem uma interpretação abusiva com a tradução de *posição* por *origem* ou por *fracasso*. Uma segunda interpretação abusiva ocorre quando a diferença é pensada como *deficiência sociocultural*.

Ao contrário do que é ocasionalmente entendido nos estabelecimentos de ensino, "a deficiência* sociocultural" não é um "fato", uma constatação que se imporia à prática docente, mas sim uma construção teórica, uma certa maneira para interpretar o que está ocorrendo (ou não está ocorrendo) nas salas de aula. O que podemos constatar é que certos alunos fracassam nos aprendizados e pertencem freqüentemente a famílias populares. Nada mais. Falar em deficiência e atribuir esses fracassos à origem familiar não é dizer sua prática: é, sim, formular uma teoria.

---

*N. de R.T. "Deficiência" vem sendo usada para traduzir *handicap*.

Existem diversas formas da teoria da deficiência. John Ogbu (1978) distingue três. Em primeiro lugar, a teoria da *privação**: a deficiência é o que falta para as crianças terem sucesso na escola. Em segundo lugar, a teoria do conflito cultural: a deficiência é a desvantagem dos alunos cuja cultura familiar não está conforme com a que o sucesso escolar supõe. Em terceiro lugar, a teoria da deficiência institucional: nesse caso, a deficiência é uma desvantagem gerada pela própria instituição escolar, em sua maneira de tratar as crianças das famílias populares (currículos, programas, expectativas dos docentes...).

As segunda e terceira formas raciocinam em termos de relações (entre a cultura familiar e a cultura escolar, entre o aluno e a instituição). Pouco importa aqui saber se essas teorias estão corretas ou não; em todo o caso, elas fazem um uso pertinente da noção de deficiência: a deficiência é uma desvantagem do aluno em decorrência de uma relação. A primeira forma, ao contrário, vê na deficiência não mais uma relação, mas, sim, uma falta imputável ao próprio aluno: este *tem* deficiências, lacunas, carências. Tal falta é pensada como uma caraterística do aluno: ele é um deficiente sociocultural.

Para entender esse desvio da deficiência como relação à deficiência como falta imputada ao aluno, é interessante analisar a história da própria noção de *handicap*. Segundo o *Dictionnaire historique de la langue française* (1993), a palavra vem do inglês *hand in cap* (a mão ao chapéu), nome de um jogo de azar. A seguir, entra no vocabulário hípico (1754): para igualar as chances numa corrida, impõe-se um *handicap* para um cavalo sabidamente mais rápido, isto é, uma desvantagem (sob a forma de pesos ou distância suplementar). Em 1827, a palavra já era utilizada na língua francesa e, a partir de 1889, *handicapée* designava uma pessoa afetada por uma deficiência física ou mental.

Vale observar que, ao longo dessa história, trata-se de chances, desigualdades e igualdade: a noção de *handicap* poderá ser incorporada sem problema às sociologias da reprodução e sua interpretação em termos de origens. O que me interessa aqui, no entanto, é sobretudo o modo de pensar a desvantagem e sua compensação.

O *handicap* é, primeiramente, o fato de impor-se uma desvantagem a um cavalo mais rápido. Aquele que fica "desfavorecido" é o cavalo mais rápido, do qual se retira uma vantagem e que não será mais, pois, o "favorito" da corrida. Não é desfavorecido em si: é propositalmente desfavorecido. O que é pensado assim na idéia de deficiência é a produção de uma compensação (proporcional à vantagem inicial). Ou seja, é uma relação.

A seguir, no entanto, a noção se vê invertida em vários pontos, correlativos. O *handicap* torna-se a deficiência da qual padece uma pessoa que, por isso

---

*N. de R.T. No original: *deprivation*

mesmo, encontra-se em posição de inferioridade: doravante, o mais fraco é que é desfavorecido, e não o mais forte; além disso, ninguém quis essa deficiência, somente fica constatado. O *handicap* não designa mais a compensação de uma superioridade, mas aquilo que deve ser compensado, a deficiência do mais fraco: o *handicap* não é mais pensado como uma relação, mas, sim, como uma falta que carateriza o mais fraco.

Como se opera semelhante inversão? Em um primeiro momento, deixa-se de pensar a própria compensação para pensar a coisa compensatória, aquilo que deve efetuar a compensação; por exemplo, o peso suplementar imposto ao cavalo mais rápido: a relação transformou-se em "coisa", por meio de um processo mental de reificação. Em um segundo tempo, não se pensa mais a coisa compensatória, mas, sim, aquilo que deve ser compensado, o que falta para o mais fraco: a coisa compensatória transformou-se em seu inverso, uma falta, por meio de um processo mental que eu chamarei de *aniquilamento**. Com esse duplo processo de reificação e aniquilamento, criou-se esse algo ausente que a deficiência é, uma falta imputada a um indivíduo[6]. O que implica que o próprio indivíduo seja reificado e aniquilado: dizer de um aluno que é deficiente sociocultural é não só pensá-lo como um objeto, mas também pensar esse objeto pelo que lhe falta: suas "lacunas", suas "carências".

A deficiência é uma falta, pois, dada como constitutiva do indivíduo. Mas, falta de quê? Mais uma vez, é interessante identificar o modo de pensar aí implícito. Quando um aluno está em situação de fracasso, constatam-se efetivamente faltas, isto é, diferenças entre esse aluno e os outros, ou também entre o que se esperava e o resultado efetivo. O aluno não sabe, não sabe fazer, não é isso ou aquilo. Poder-se-ia então interessar-se pela atividade do aluno e a do professor e perguntar-se o que foi que aconteceu, no que, onde a atividade não funcionou. Mas não é assim que se faz, quando se raciocina em termos de deficiências. Ao constatar-se uma "falta" no fim da atividade, essa falta é projetada, retroprojetada, para o início dessa atividade: faltam ao aluno em situação de fracasso recursos iniciais, intelectuais e culturais, que teriam permitido que o aprendizado (e o professor...) fosse eficaz. Ele é deficiente.

Por que será que faltam ao aluno recursos que tornariam possível um aprendizado eficaz? Porque ele pertence a uma família também definida pela falta: recursos financeiros, diplomas, cultura – sem esquecer essa pretensa "demissão dos pais", outra forma da falta, sempre invocada nos estabelecimentos de ensino, apesar dos desmentidos unânimes dos pesquisadores. O processo de retroprojeção continua funcionando, pois, produzindo um deslocamento da falta, de montante para jusante: falta de apropriação dos conhecimentos

---

*N. de R.T. No original *néantisation*: neologismo que o Autor cria para expressar um matiz de sentido em relação à palavra *anéantissement* que corresponde à palavra portuguesa aqui empregada.

(fracasso escolar); portanto, falta dos recursos iniciais que permitem ao aluno aprender eficazmente (deficiência); portanto, faltas na família (origem). Assim, o raciocínio "remontou até a origem", entendida esta como situação inicial. Mas a origem pode também ser pensada, a partir do vínculo de filiação, como "fonte", como ponto onde é gerado o que seguirá, isto é, como causa. A noção de origem permite enxertar um princípio de causalidade na noção de falta. A cadeia da falta pode ser recorrida, portanto, de montante para jusante, dessa vez em termos de causalidade: a origem familiar produz a deficiência, que produz o fracasso escolar. Ou seja, a origem familiar é a causa do fracasso escolar.

Assim se constrói uma verdadeira teoria do fracasso escolar, formulada em termos de origem e deficiências. Longe de ser a expressão imediata da prática docente, põe em cena um conjunto de processos articulados: reificação, aniquilamento, retroprojeção das faltas, introdução de um princípio de causalidade da falta. Essa teorização se apóia nas sociologias da reprodução e, mais amplamente, nas teorias que raciocinam em termos de diferenças de posições, reinterpretando as noções de posição e diferença. O deslocamento da falta ao longo de uma cadeia causal é o equivalente, nessa teoria, da homologia de estrutura entre sistemas de diferenças posicionais que constitui o princípio explicativo de Bourdieu[7].

Como se terá produzido essa teoria da origem e da deficiência? Trata-se mesmo, como eu ressaltei, de uma teoria e, não, de uma constatação que se imporia aos docentes em sua prática diária. Mas essa construção teórica não é fantasmagórica; arraiga-se na experiência profissional dos docentes, interpretada à luz de seus interesses ideológicos.

Apóia-se em fatos que qualquer docente pode observar em sua sala de aula. É verdade que certas crianças não conseguem adquirir certos conhecimentos. É verdade que amiúde elas não têm as bases necessárias para apropriar-se deles. É verdade que elas provêm freqüentemente de famílias populares. Não são esses fatos que eu questiono, mas a maneira como eles são teorizados em termos de faltas, deficiências e origem, sem que sejam levantadas a questão do sentido da escola para as famílias populares e seus filhos, nem a da pertinência das práticas da instituição escolar e dos próprios docentes ante essas crianças. O que eu questiono é também a triagem que dessa maneira é feita entre os fatos. Está comprovado também que certas crianças de meios populares têm sucesso, apesar de tudo, na escola. Isso deveria fragilizar a teoria da deficiência e da origem: nem todas essas crianças sofrem uma desvantagem por causa de sua origem; deveríamos, portanto, olhar esses fatos mais atentamente. Mas, quando confrontados com esse fato, os docentes recorrem à noção de dom: os alunos de famílias populares fracassam na escola por causa de deficiências devidas à sua família, mas algumas escapam a isso por serem bem dotadas[8]. A teoria da deficiência sociocultural apoia-se em fatos, é verdade, fatos esses, porém, selecionados e reinterpretados.

Por outro lado, a noção de deficiência proporciona importantes benefícios ideológicos aos docentes.

Por um lado, preserva-os de qualquer crítica direta: o fracasso escolar não é imputável às práticas docentes, mas, sim, aos alunos e às suas famílias. Mas não será isso culpar os meios populares? Não, pois os alunos e suas famílias são as primeiras vítimas dessas deficiências que produzem o fracasso escolar. Assim sendo, o "verdadeiro" responsável é a própria sociedade, que produz e reproduz desigualdades, faltas e deficiências.

Por outro lado, os docentes e a escola também sofrem faltas, sob a forma de penúria de recursos financeiros, materiais e humanos. Por isso é que os sindicatos de professores podem afirmar, com um novo deslocamento da noção de falta, que a penúria de meios impede a escola de compensar as deficiências das crianças: os docentes são vítimas, assim como as famílias populares e seus filhos; e toda a luta para melhorar suas condições de trabalho é também uma luta pela escola do povo[9].

Explica-se assim este aparente paradoxo: os docentes aderem maciçamente a uma teoria da reprodução que põe em causa a instituição escolar, denunciada como não-igualitária e reprodutora. Para eles, o que é questionado é a má instituição, cujas vítimas são as crianças, suas famílias e os próprios docentes; a instituição de uma má sociedade. Os docentes se dessolidarizam de semelhante instituição, em nome de uma imagem da boa instituição: a escola libertadora ou a escola do povo.

Compreende-se, então, que essa construção teórica seja tão pregnante e resista tão bem às críticas que os pesquisadores lhe vêm fazendo há vinte anos. É verdade que ela não está cientificamente fundada e, estritamente falando, é aberrante, pois apoia-se na idéia de uma causalidade da falta. Mas seu fundamento não é um enunciado de tipo científico, portanto, refutável. Arraiga-se numa experiência profissional diária interpretada à luz de princípios que visam preservar, validar e legitimar o corpo docente. Trata-se de uma ideologia, no pleno sentido da palavra. Frente a uma ideologia, é inútil argumentar termo por termo, enunciado por enunciado: a crítica a uma ideologia deve dirigir-se ao seu modo próprio de ler o mundo e, com isso, interpretar a experiência diária.

4 Da leitura negativa à leitura positiva

A teoria da deficiência sociocultural pratica uma leitura "negativa" da realidade social, que ela interpreta em termos de faltas. A análise da relação com o saber implica ao contrário uma leitura "positiva" dessa realidade: liga-se à experiência dos alunos, à sua interpretação do mundo, à sua atividade.

A leitura negativa reifica as relações para torná-las coisas, aniquila* essas coisas transformando-as em coisas ausentes, "explica" o mundo por deslocamento das faltas, postula uma causalidade da falta. Esse tipo de leitura gera "coisas" como o "fracasso escolar", "a deficiência sociocultural", mas também, em outros campos, "a exclusão" ou "os sem-teto". A leitura negativa é a forma como as categorias dominantes vêem as dominadas.O que é a leitura "positiva"?

Essa expressão, que utilizamos em nosso livro sobre os "colégios", tem freqüentemente sido interpretada como leitura "otimista" da realidade. Não deixa de ser verdade. Praticar uma leitura positiva é prestar atenção também ao que as pessoas fazem, conseguem, têm e são, e não somente àquilo em que elas falham e às suas carências. É, por exemplo, perguntar-se o que sabem (apesar de tudo) os alunos em situação de fracasso – o que eles sabem da vida, mas também o que adquiriram dos conhecimentos de que a escola procura prover-lhes. Nesse sentido, trata-se mesmo de uma leitura "otimista", para quem fizer questão de usar essa palavra.

O essencial, porém, não reside aí. A leitura positiva é antes de tudo uma postura epistemológica e metodológica. Praticar uma leitura positiva não é apenas, nem fundamentalmente, perceber conhecimentos adquiridos ao lado das carências, é ler de outra maneira *o que é lido como falta* pela leitura negativa. Assim, ante um aluno que fracassa num aprendizado, uma leitura negativa fala em deficiências, carências, lacunas e faz entrar em jogo os processos de reificação e aniquilamento [*néantisation*] que analisamos, enquanto que uma leitura positiva se pergunta "o que está ocorrendo", qual a atividade implementada pelo aluno, qual o sentido da situação para ele, qual o tipo das relações mantidas com outros, etc. A leitura positiva busca compreender como se constrói a situação de um aluno que fracassa em um aprendizado e, não, "o que falta" para essa situação ser uma situação de aluno bem-sucedido. Um aluno fracassa, atrasa-se em sua escolaridade, vê-se em dificuldades na escola: pode-se explicar isso a partir do que ocorreu com ele, do que ele fez, do que ele pensou e não, apenas, a partir do que não ocorreu com ele, do que ele não fez, do que ele não pensou? Trata-se, insisto, de explicar de outra maneira uma situação na qual o aluno efetivamente fracassou, e não, ou não só, de invocar, de modo "otimista", o fato de ele ter tido sucesso em outra situação ou em outro momento.

Em toda essa abordagem epistemológica e metodológica está em debate a própria definição do dominado. Raciocinar em termos de carências é pensá-

---

*N. de R.T. O verbo utilizado pelo autor é *néantiser*, relativo ao substantivo *néantisation*.

lo como um objeto incompleto, do ponto de vista do dominante, que se situa como sujeito realizado e vê e trata o dominado como objeto. Procurar compreender o fracasso como uma situação que advém durante uma história é considerar que todo o indivíduo é *um sujeito*, por mais dominado que seja. Um sujeito que interpreta o mundo, resiste à dominação, afirma positivamente seus desejos e interesses, procura transformar a ordem do mundo em seu próprio proveito. Praticar uma leitura positiva é recusar-se a pensar o dominado como um objeto passivo, "reproduzido" pelo dominante e completamente manipulado, até, inclusive, em suas disposições psíquicas mais íntimas. Mas sem incorrer em ingenuidade e sem esquecer que o dominado é, com certeza, um sujeito, porém um sujeito dominado.

Notas

1. Desde 1989 é utilizada a nomenclatura PCS (profissões categorias sociais) estabelecida pelo INSEE. Não se trata no caso senão de um aperfeiçoamento técnico, e, pois, eu continuarei falando em "categorias socioprofissionais" (CSP), uma expressão mais comum.

2. Estou ciente de que estou simplificando a teoria de Bourdieu; não esqueço que ela formula os conceitos de capital e *habitus*. Mas isso apenas atrasa o encaminhamento do problema, pois não se sabe como esse capital é transmitido, como esse *habitus* é construído.

3. Quase escrevi: e haveria menos fracasso escolar. Mas eu não tenho tanta certeza...

4. Essa tradução parece tão "natural" e tão inocente, que eu mesmo tenho amiúde exprimido assim a correlação estatística, inclusive em nosso livro de 1992 (Charlot, Bautier e Rochex).

5. Eu não inventei esse exemplo; encontrei-o, exposto sem nenhum distanciamento crítico, em uma revista que não terei a crueldade de citar.

6. A mesma análise poderia ser aplicada à noção de tara: o pensamento passa da operação de tarar para a tara enquanto objeto e, a seguir, para a falta que a tara compensa; no fim do processo, a tara tornou-se defeito.

7. As sociologias da reprodução são construções teóricas rigorosas, ao menos enquanto procuram apreender sistemas de diferenças e mostrar a homologia entre suas estruturas. Sai-se do rigor, entretanto, ao confundir-se "sistemas de diferenças" e "fracasso escolar" ou ao interpretar-se a reprodução em termos de causalidade (e essas sociologias costumam prestar-se a essas interpretações) e, ainda mais, ao raciocinar-se em termos de deficiências socioculturais (o que essas mesmas sociologias não fazem, apesar de certas tentações).

8. Em uma primeira análise, há uma incoerência em associar-se assim a noção de dom (biológico) e a de deficiência (sociocultural), tanto mais, que a segunda permitiu a regressão do uso da primeira na interpretação do fracasso. Mas, vistas de mais perto, essas duas noções funcionam segundo a mesma lógica: a da transmissão de um capital (genético ou cultural) de uma geração para outra.

9. Para evitar toda e qualquer ambigüidade, esclareço qual é exatamente a minha posição sobre esse ponto: é verdade que a luta contra o fracasso escolar dos alunos de famílias populares requer meios suplementares; mas é falso que a mera melhoria das condições de trabalho baste para resolver os problemas; e é uma mistificação exigir os meios suplementares imediatamente, remetendo para mais tarde a análise dos outros aspectos do problema.

CAPÍTULO

3

POR UMA SOCIOLOGIA DO SUJEITO

O aluno em situação de fracasso é um *aluno*, o que nos induz imediatamente a pensá-lo como tal, em referência à sua posição no espaço escolar, aos conhecimentos, às atividades e às regras específicas da escola. Mas o aluno é também, e primeiramente, uma criança ou um adolescente, isto é, um sujeito confrontado com a necessidade de aprender e com a presença, em seu mundo, de conhecimentos de diversos tipos.

Um sujeito é:

- um ser humano, aberto a um mundo que não se reduz ao aqui e agora, portador de desejos movido por esses desejos, em relação com outros seres humanos, eles também sujeitos;
- um ser social, que nasce e cresce em uma família (ou em um substituto da família), que ocupa uma posição em um espaço social, que está inscrito em relações sociais);
- um ser singular, exemplar único da espécie humana, que tem uma história, interpreta o mundo, dá um sentido a esse mundo, à posição que ocupa nele, às suas relações com os outros, à sua própria história, à sua singularidade.

Esse sujeito:

- age no e sobre o mundo;
- encontra a questão do saber como necessidade de aprender e como presença no mundo de objetos, de pessoas e de lugares portadores de saber;
- se produz ele mesmo, e é produzido, através da educação.

Estudar a relação com o saber é estudar esse sujeito enquanto confrontado com a necessidade de aprender e a presença de "saber" no mundo.

Assim sendo, não se pode deixar de considerar o sujeito ao estudar-se a educação. Mas nem por isso podemos esquecer que o sujeito da educação é um ser *social*. Surge aí uma importante dificuldade: como pensar o sujeito enquanto ser social, quando a sociologia se construiu separando-se das teorias do sujeito?

1 Uma sociologia sem sujeito: Durkheim e Bourdieu

A sociologia de inspiração durkheimiana, por muito tempo dominante na França, quis dispensar o sujeito. Construiu-se, até, contra o sujeito da filosofia e da psicologia. Nem por isso, porém, a sociologia pode abrir mão de qualquer referência ao psiquismo. Uma sociedade, com efeito, são estruturas, instituições, mas também representações, valores e as ações a que eles induzem. Mesmo que se pense que a sociedade inculca nos indivíduos suas representações e seus valores e rege de maneira mais ou menos secreta suas ações, nem por isso deixa de ser necessário admitir-se a existência de um psiquismo, suporte das representações, dos valores e dos móveis da ação. Ora, para além da metáfora, não há psiquismo senão individual, não há psiquismo senão o de um sujeito.

Durkheim

Essa dificuldade aparece claramente no próprio Durkheim. "É preciso considerar os fatos sociais como coisas", "os fatos sociais só podem ser explicados por fatos sociais", "sempre que um fenômeno social for explicado diretamente por um fenômeno psíquico, a explicação será certamente falsa" (1895). Para Durkheim, a sociedade é uma realidade específica, não pode ser reduzida a uma soma de indivíduos e os fatos sociais, pois, não podem ser explicados através de fatos psíquicos. Mas dizer que os fatos sociais devem ser *considerados* como coisas, e estudados como tais, não significa em absoluto que esses fatos sociais sejam coisas com a mesma natureza que os objetos materiais: os fatos sociais são "modos de agir, de pensar e sentir, exteriores ao indivíduo, e dotados de um poder de coerção em virtude do qual se impõem a ele" (1895). Ou seja, não se pode analisar o social sem apreender "modos de agir, pensar e sentir". Deve-se, porém, estudá-los como *exteriores* ao indivíduo. Toda a dificuldade está aí: pensar um psiquismo sem sujeito; ou, mais exatamente, um psiquismo analisado em referência à sociedade e não ao sujeito. A noção de "representações coletivas" permitirá que Durkheim pense fenômenos psíquicos sem referência a um sujeito.

A noção de *habitus* em Bourdieu cumpre a mesma função.

Bourdieu

Para Bourdieu, "o agente social" (assim é que ele o designa) não é "um indivíduo autônomo, plenamente consciente de suas motivações", cuja "consciência intencional" visaria a fins explícitos. Os agentes sociais "não são como *sujeitos* ante um objeto (ou, menos ainda, um problema) que seria constituído enquanto tal por um ato intelectual de conhecimento" (1994)[1]. Na linha de Durkheim, Bourdieu se nega a explicar o social a partir do sujeito da filosofia clássica, livre e racional –; e nesse ponto eu o acompanharei, pois esse seria um sujeito não-social.

Para Bourdieu, entretanto, pode-se excluir os sujeitos sem por isso eliminar os agentes. Estes, com efeito, são "eminentemente ativos e atuantes (sem que por isso se os considere sujeitos)", não são "simples epifenômenos da estrutura" (1994). Embora suas condutas não tenham a razão e a intenção por princípios, nem por isso "fazem qualquer coisa", "são loucos", "agem sem razão". São dotados de um "senso prático do que deve ser feito em uma situação dada". Eles é que agem e não a estrutura através deles, porém eles agem em função de disposições psíquicas que foram socialmente estruturadas: seu *habitus*. O *habitus* é um conjunto de disposições psíquicas transponíveis e duráveis: princípios de classificações, de visão, de divisão, gostos, etc.; em suma, princípios de percepção e ordenamento do mundo. Essas disposições é que regem as representações e as práticas do agente social. Elas também, no entanto, foram socialmente construídas: "o espaço das posições sociais é retraduzido em um espaço de tomadas de posição por intermédio do espaço das disposições (ou dos *habitus*)". Em outras palavras, as posições sociais geram disposições (o *habitus*) que, por sua vez, produzem representações e práticas. O que explica o que se atribui, de maneira ingênua, a um sujeito é, portanto, para Bourdieu, "o espaço das posições sociais". Bourdieu introduz em sua teoria um lugar para o psíquico, porém esse lugar é ocupado por algo social, o que permite dispensar o conceito de sujeito. O *habitus* é um conjunto de disposições psíquicas, mas esse psiquismo não é pensado em referência a um sujeito, é um *psiquismo de posição*. Detenhamo-nos um pouco nesse ponto.

Como é que o *habitus* se constitui? Por "interiorização", "incorporação", responde Bourdieu em sua obra.

Em outras palavras, o social torna-se psíquico quando passa do "exterior" para o "interior"; e por isso mesmo o interior (o que chamamos a subjetividade) tem seu princípio de inteligibilidade no exterior (no espaço das posições sociais). Isso, no entanto, significa ignorar o fato de que "o interior", o psíquico, a subjetividade têm leis próprias de organização e funcionamento, irredutíveis às do "exterior", do social, de um espaço de posições. Quando o exterior se torna interior (se é que tal distinção tem um sentido...), não muda apenas de lugar como também de lógica. Assim, o que se chamou por muito tempo "a interiorização do fracasso escolar" é uma reestruturação do sujeito, na lógica do psíquico, induzida por uma situação que é chamada, na lógica do social, "fracasso escolar". Essa interiorização não pode ser entendida a partir da mera lógica do social; sua explicação requer a tomada em consideração da lógica específica do psíquico, isto é, do sujeito. O indivíduo (para usar um termo tão neutro quanto possível) *não interioriza o mundo, apropria-se dele,* em sua lógica de sujeito, o que é muito diferente.

No livro *La misère du monde* (1993), confrontado com a palavra singular de indivíduos que expressam seu sofrimento, Bourdieu desenvolve uma análise que parece bastante diferente, por admitir uma lógica específica do psiquico. "É evidente que as estruturas mentais não são mero reflexo das estruturas sociais", escreve ele. "A sociologia não pretende substituir seu modo de explicação pelo da psicanálise; apenas quer construir de outra maneira alguns dos dados que essa toma também como objeto". Uma "sociogênese" do *habitus* "deveria dedicar-se a compreender como a ordem social capta, canaliza, reforça ou contraria os processos psíquicos, conforme houver homologia, redundância e reforço entre ambas as lógicas ou, ao contrário, contradição, tensão". De um lado, no interior, "pulsões que levam a investir no objeto"; noutro, no exterior, um "espaço dos possíveis", "um universo particular de objetos socialmente oferecidos ao investimento". O desejo se manifesta sob a formação específica que o espaço dos possíveis lhe atribui num momento dado do tempo.

Esse texto pode ser lido de duas maneiras.

Ou se lê nesse texto que existem processos psíquicos específicos, pulsões, desejo, que se expressam, por certo, em formas socialmente possíveis, que, porém têm uma especificidade, que não são mero reflexo interiorizado do social; e, assim sendo, devem-se interpretar as entrevistas com os jovens tomando-se em consideração, ao mesmo tempo, seus desejos de sujeitos e as formas que estes podem assumir no espaço dos possíveis traçado pela sociedade. Pode-se conceber uma sociologia do sujeito a partir de uma abordagem desse tipo.

Ou, então, se lê nesse texto que o desejo não pode expressar-se senão sob a forma que o campo social lhe atribui. Assim sendo, não só as representações e as práticas, mas também o próprio desejo, na medida em que se forma, podem ser explicados a partir do social, sem que devamos nos interrogar sobre o sujeito. A sociologia continua sendo uma sociologia das posições e as entrevistas devem ser interpretadas em referência a essas posições. É isso que Bourdieu faz em *La misère du monde*. É verdade que ele afirma a necessidade de "entender" aquele com quem a entrevista é feita, mas trata-se de "procurar situar-se em pensamento no lugar que o entrevistado ocupa no espaço social para *necessitá-*

lo interrogando-o a partir desse ponto". Não se trata mais de *possíveis* oferecidos a diversas formas de expressão do desejo, mas sim de uma *necessidade* que dê uma forma ao desejo: voltamos a encontrar a idéia de um psiquismo de posição.

A força da sociologia de Bourdieu reside em lembrar constantemente – contrariando as filosofias da consciência – que o sujeito é social, inclusive no que ele parece ter de mais íntimo. Essa sociologia, porém, exclui também o sujeito da psicologia. Ora nega sua existência, afirmando que sua "constância não é talvez senão a de um nome próprio" (1994), ora aceita a hipótese de sua existência, porém não pode e não quer nem saber, nem falar nela. O sociólogo tem o direito de adotar tal postura e declarar: é esse meu objeto, são esses meus princípios de explicação e, enquanto sociólogo, proíbo-me qualquer recurso ao conceito de sujeito. Essa postura deve ser assumida até o fim, no entanto, e o discurso deve permanecer nos limites fixados; limites esses que não devem ser transgredidos nem pelo próprio sociólogo, nem por quem interprete o que ele escreveu. A sociologia de Bourdieu trata de posições sociais, de agentes sociais, e não pode dar conta da experiência escolar dos sujeitos.

Pode-se analisar em termos de *habitus* a relação de um grupo com o saber, mas não a de um sujeito que pertença a esse mesmo grupo. Conforme vimos, o *habitus* é psiquismo de posição; psiquismo enquanto pensado a partir de uma posição social e unicamente a partir dessa posição social[2]. Tal conceito permite estudar a relação de um grupo com o saber, pensado através de uma figura que expressa as características desse grupo: "o engenheiro", "o camponês africano-", "o aluno proveniente de família de camadas populares". Considerando-se o que se sabe da posição das famílias de camadas populares no espaço social, que se pode dizer da relação com o saber de uma criança X, pertencente a uma família de camada popular? Para responder essa pergunta, é possível fundamentar-se em entrevistas; nesse caso, porém, devem elas ser interpretadas a partir do ponto que os entrevistados ocupam no espaço social, para retomar os termos de Bourdieu; e unicamente a partir desse ponto. O aluno no qual se fala é na verdade uma figura que o sociólogo constrói para dar uma forma individual a uma posição social; em tal aluno, então, só se vê e pensa o que é posição social. De maneira que a relação com o saber do "aluno de família de camada popular" é apenas a interiorização, em um dado psiquismo, de relações *de* saber: de relações entre posições sociais na medida em que põem em jogo a questão do saber.

Não há nenhuma objeção a fazer a essa análise, desde que, no entanto, permaneça em seus limites de validez. Ela lida com a relação de um grupo com o saber e não pode ser projetada, tal qual, sobre a relação com o saber de um sujeito membro desse grupo; o que, porém, é feito constantemente nos estabelecimentos escolares, com a interpretação da conduta de tal aluno singular a partir do que se sabe (ou do que se fantasia...) sobre suas "origens" familiares e culturais. É verdade que todo sujeito pertence a um grupo; mas não se reduz a esse vínculo e ao que pode ser pensado a partir da posição desse grupo em um espaço social. Ele interpreta essa posição, dá um sentido ao mundo, atua neste, depara-se nele com a necessidade de aprender e com formas variadas de saber; e sua relação com o saber é o fruto desses múltiplos processos. A sociologia de Bourdieu é, com certeza, útil para que se compreenda a relação dos alunos com o saber, pois o sujeito ocupa efetivamente uma posição no espaço social. Mas é insuficiente. Enquanto que o sujeito dá um sentido ao mundo, em Bourdieu o sentido não é senão a interiorização de relações entre posições, sob a forma de *habitus*. Enquanto que o sujeito age sobre e no mundo, em Bourdieu a atividade fica reduzida ao sentido prático, que permite atualizar relações de posição. Enquanto que o sujeito vê-se confrontado à questão do saber, em Bourdieu essa questão fica reduzida à do "arbitrário cultural" e da "violência simbólica", isto é, novamente, a relações entre posições sociais.

A sociologia de Bourdieu é perfeitamente legítima (e muito interessante) nos limites que se fixa. Mas ela tem como objeto posições sociais, agentes sociais, e não permite pensar a experiência escolar, notadamente essa forma de experiência que a noção de fracasso escolar designa. A experiência escolar é a de um sujeito e uma sociologia da experiência escolar deve ser uma sociologia do sujeito.

É essa a sociologia da experiência escolar que François Dubet propõe em seus dois últimos livros (Dubet, 1994, Dubet e Martuccelli, 1996).

2 Uma sociologia da subjetivação: Dubet

François Dubet construiu uma sociologia da experiência escolar que toma em consideração a questão da subjetividade. Afirma claramente a impossibilidade "de reduzir a sociologia ao estudo das posições sociais" (1996) e que "o objeto de uma sociologia da experiência social é a subjetividade dos atores" (1994)[3]. Ainda assim, será essa sociologia uma sociologia do sujeito? Creio que não. É antes uma sociologia da subjetivação, que não consegue livrar-se totalmente dos limites que a sociologia clássica se impõe ao recusar-se a tomar em consideração a especificidade do sujeito. É isso o que eu gostaria de mostrar aqui.

Lembrarei, primeiro, as grandes linhas da sociologia da ação proposta por Dubet. A sociologia clássica, explica ele, estuda a sociedade como uma "unidade funcional": analisa as funções sociais, as normas, os valores, os interesses em jogo na sociedade. Não precisa interessar-se pela subjetividade, pois o indivíduo não faz senão interiorizar as normas e os valores sociais. Não podemos mais, no entanto, nos satisfazer com tal sociologia, dado que, hoje, a sociedade "não pode mais ser considerada como um sistema unificado" (1996). Com efeito, o conjunto social é formado agora pela co-presença de três sistemas, cada um regido por uma lógica diferente: uma "comunidade", estruturada por uma lógica da integração; um ou mais mercados competitivos, dependentes de uma lógica da estratégia e um sistema cultural correspondente a uma lógica da subjetivação. O próprio indivíduo está submetido a cada uma dessas lógicas: interioriza valores através dos papéis, concorre com outros atores na totalidade das atividades sociais, é um sujeito que não se confunde nem com seus papéis, nem como seus interesses (1994). Assim sendo, a unidade do indivíduo deixa, ela também, de ser dada; deve ser construída: "o ator tem a obrigação de articular lógicas de ação diferentes; e a dinâmica gerada por essa atividade é que constitui a subjetividade do ator e sua reflexividade"; a experiência social é "a combinação subjetiva, realizada pelos indivíduos, de diversos tipos de ação". Doravante, o indivíduo social é concebido como um *ator* dotado de uma *subjetividade* e não mais como um simples *agente*.

Esse modelo geral aplica-se à escola; tanto mais que, na verdade, ele foi construído, em boa parte, a partir das pesquisas de Dubet sobre os "trabalhos forçados" dos jovens e sobre os alunos de liceu(1987 e 1991).

Assim como a sociedade, a escola não pode mais ser analisada como um sistema regido por uma lógica única, "como uma instituição que transforma princípios em papéis" (1996). Ela também é estruturada por várias lógicas de ação: a socialização, a distribuição das competências, a educação. Assim sendo, o sentido da escola deixa de ser dado e deve ser construído pelos atores: "definir-se-á a experiência escolar como sendo a maneira como os atores, individuais ou coletivos, combinam as diversas lógicas da ação que estruturam o mundo escolar". Ora, lembremos que essa atividade de articulação entre as lógicas da ação "constitui a subjetividade do ator". A experiência escolar, pois, produz subjetividade; e experiências escolares diferentes geram formas diferentes de subjetividade: assim, a escola "fabrica, ou contribui para fabricar, atores e sujeitos de natureza diferente".

Dubet estuda esse processo de subjetivação nos diferentes estágios do sistema escolar.

"Na escola elementar, a socialização prevalece sobre a subjetivação, a qual surge, de maneira pontual, apenas sob a forma de 'rejeições'".

No "colégio", ao contrário, a experiência escolar é dominada pelas clivagens e as tensões, levando à progressiva afirmação de um princípio de subjetivação adolescente: os "colegiais" conseguem mais ou menos "construir um programa de subjetivação".

No liceu, quando tudo corre bem, as tensões diminuem e as diversas dimensões da experiência conciliam-se. "O aluno do liceu se constrói como sujeito, isto é, como autor de sua própria educação, quando possui a capacidade de construir sua própria experiência, de dar-lhe um sentido e de dominá-la em função da natureza das provas que lhe são impostas. São várias, porém, as figuras da subjetivação no liceu. Dubet e Martuccelli propõem quatro.

- Primeira figura: a subjetivação prolonga a socialização. Encontra-se aí o ideal clássico (a *paideia*); mas, enquanto que este propunha um modelo de homem, hoje não existe mais um modelo substantivo e central de humanidade. O aluno do liceu está confrontado a duas imagens do indivíduo: a do desempenho e a da expressividade; e é obrigado a combinar o cálculo e a vocação.
- Segunda figura: a alienação liceal. Em Dubet, "a alienação é concebida como a privação da capacidade de ser sujeito" (1994). Os alunos alienados não conseguem perceber-se como sujeitos de sua experiência escolar. Experimentam um sentimento de "invalidação" pessoal, de impotência, de absurdo ou de vazio da cultura escolar.
- Terceira figura: os alunos de liceu que se constroem como sujeitos independentemente da escola propriamente dita, seja através de pequenos trabalhos, seja, por vezes, através da cidadania liceal conferida pelo estatuto de representante de turma.
- Quarta figura: os alunos de liceu que se constroem como sujeitos contra a escola. O sujeito constitui-se, então, em sua capacidade para resistir à escola, para recusar a legitimidade dessa e nunca se deixar prender em suas categorias.

Ter-se-á percebido, nessas linhas, o interesse dessas análises, amiúde muito tênues e apoiadas em numerosos dados empíricos. Nem por isso deixam de levantar vários problemas.

Primeiro, um problema de coerência interna. Na verdade, Dubet utiliza dois modelos, um, ternário, outro, binário. O modelo geral, exposto em *Sociologie de l'expérience* (1994) e retomado em *À l'école, Sociologie de l'expérience scolaire* (1996), é ternário: existem três lógicas da ação, sendo a subjetivação apenas uma das três. Mas o modelo operatório utilizado em 1996 para analisar a experiência escolar é binário: de um lado, a socialização, de outro, a subjetivação. "É dupla a formação dos atores sociais. Por um lado, é uma socialização na qual os indivíduos interiorizam normas e modelos. Por outro, é uma subjetivação que leva os indivíduos a estabelecerem uma distância em relação a sua socialização"[4]. Conforme vimos, é esse combate entre socialização e subjetivação que, efetivamente, serve de fio condutor para a análise da experiência escolar dos alunos da escola elementar, dos colegiais e dos alunos de liceu.

Mas isso levanta, precisamente, um segundo problema: o modelo operatório implementado por F. Dubet e D. Martuccelli separa a socialização e a subjetivação e as opõe uma à outra. Ora, toda socialização não será também subjetivação e toda subjetivação não será também socialização? Os autores estão cientes dessa dificuldade. Escrevem: "Aí está o paradoxo da socialização que é também uma subjetivação, pois o ator não se reduz à soma de seus aprendizados sociais" (1996). Parece-me que, por isso, devemos entender que a socialização produz também subjetividade, como uma espécie de *plus* que proibisse *reduzir* o ator a uma *soma* de aprendizados sociais. Mas, então, o que será da oposição entre socialização e subjetivação?

Finalmente, os próprios enunciados construídos a partir dessa abordagem geram uma série de problemas. Devemos admitir que os alunos da escola primária mal começam a emergir como sujeitos: acabam de atravessar o período do conflito edipiano. Devemos admitir que um aluno de liceu é mais ou menos sujeito, conforme o processo de subjetivação tiver conseguido, mais, ou menos, impor sua lógica ao processo de socialização. Devemos admitir também, inversamente, que um aluno fracassado de liceu está privado da capacidade de ser sujeito; ao menos, se ele continua aderindo aos valores escolares. Ora, não posso admitir que se possa ser mais ou menos sujeito, nem que se possa estar privado da capacidade de ser sujeito. Todo ser humano é um sujeito, inclusive quando dominado e alienado, e, se existem várias maneiras de se construir como sujeito, elas não procedem do "mais ou menos".

Essas três séries de problemas remetem para a mesma dificuldade fundamental: Dubet constrói uma teoria da subjetivação que procura abrir mão da noção de sujeito. É verdade que ele utiliza com freqüência os termos subjetividade e sujeito, mas o sujeito não passa, na verdade, de uma hipótese que o sociólogo deve fazer e não é um objeto de pesquisa. Isso é que eu gostaria de estabelecer agora.

A dificuldade central reside na própria definição da subjetivação, da subjetividade e do sujeito.

Partirei do primeiro problema acima mencionado. No modelo geral, ternário, de Dubet, a subjetivação é uma das três lógicas, a que rege "o sistema cultural". Em seu modelo operatório, binário, a subjetivação é um processo, que leva os indivíduos "a estabelecerem uma distância em relação a sua socialização". Por que operar tal passagem do ternário para o binário, da subjetivação enquanto lógica para a subjetivação enquanto processo? Porque, segundo Dubet, o estatuto dessas três lógicas não é igual. As lógicas da integração e da estratégia "aparecem como lógicas 'positivas' da ação, como 'realidades'" (1994). A lógica de subjetivação "só aparece de maneira *indireta* na atividade crítica", pois o sujeito não é uma "realidade encarnada". Assim sendo, torna-se incompreensível a passagem de um modelo ternário para um modelo binário. As duas primeiras lógicas, as da integração e do interesse, geram, por interiorização, "Eus sociais"; ou seja, induzem a um processo de socialização. Observa-se, no entanto, que o indivíduo jamais adere integralmente aos seus papéis e interesses, que ele toma uma certa distância para com seus Eus sociais. Existe, portanto, outra lógica, outro processo, que se opõe à socialização e atesta um "esforço de subjetivação" que permite distinguir-se dos Eus sociais. O modelo ternário das três lógicas é substituído pelo modelo binário dos dois processos: a teoria é coerente.

Nessa teoria, o que define primeiramente o sujeito é a distância. A subjetivação leva "os indivíduos a distanciarem-se da sua socialização" (1996); é "a capacidade de distanciar-se de si próprio, que faz do ator um sujeito" (1994). Esse distanciamento torna-se possível pela multiplicidade das lógicas sociais, mas essa própria multiplicidade induz nos indivíduos uma atividade de articulação das diversas lógicas: "a dinâmica gerada por essa atividade é que constitui a subjetividade do ator". Ou seja, a subjetividade nasce da heterogeneidade do social, da distância do indivíduo em relação aos seus Eus sociais, de uma atividade de unificação de si. Existe aí uma intuição correta do que seja o sujeito. O que Dubet nos diz, na verdade, é que o sujeito não pode ser reduzido à interiorização do social (a Eus sociais) e que ele é portador de uma exigência de unidade. Ao nos atribuirmos "Eus sociais" constituídos por interiorização de uma posição, de um papel, de uma norma, de uma estratégia, etc., o sujeito não é encontrado. Por um lado, porque o sujeito não é o social interiorizado. Por outro, porque o sujeito é uma forma de unidade que não pode ser constituída pela adição de Eus sociais: "o ator não se reduz à soma de seus aprendizados sociais" (1996). Em outras palavras, todo o pensamento de Dubet deveria levá-lo a abordar a especificidade do sujeito.

Ele proibe-se, no entanto, abordar a questão pois, para ele, isso seria uma espécie de traição do empreendimento sociológico. "Construir uma lógica social do sujeito é ainda mais difícil, se considerarmos que a sociologia tem-se construído, essencialmente, contra a idéia mesma de sujeito, quer se trate do sujeito histórico do historicismo, quer do sujeito individual da Razão", explica Dubet (1994). Assim, ele toma o cuidado de negar ao sujeito qualquer realidade que não seja a social – enquanto que a norma e o interesse, sim, têm uma "realidade"... "O sujeito não tem realmente uma 'realidade encarnada' fora de suas representações na arte como subjetividade 'pura', embora, novamente, a definição do sujeito seja social e cultural". "Em uma perspectiva sociológica, a subjetividade é percebida como atividade social gerada pela perda da adesão à ordem do mundo, ao *logos*". Em outras palavras, o sujeito não pode ser um objeto direto da análise sociológica. O objeto de análise é a subjetivação (o distanciamento), e o sujeito não é senão uma hipótese que o sociólogo é levado a aventar quando constata a existência de um processo de subjetivação: se há um processo de subjetivação, esse cria algo que havemos de designar como um sujeito.

Essa recusa em considerar o sujeito como objeto a ser pensado pela sociologia precipita Dubet em numerosas dificuldades teóricas.

Primeiro, ele propõe e nega, ao mesmo tempo, a especificidade da lógica do sujeito.Propõe-na: a lógica de subjetivação é uma das três lógicas de ação através das quais define a sociedade. Mas, a nega: não é, precisamente, senão uma das três lógicas, colocada ao lado das outras duas. Mas, não pode negá-la: essa lógica é diferente das outras duas (de maneira que ele é levado a passar do modelo ternário para o modelo binário). Pessoalmente, direi que a lógica do sujeito não é nem uma terceira lógica, nem uma segunda lógica, mas, sim, uma outra lógica, específica. O sujeito não se soma a Eus sociais interiorizados, não se distancia deles, não luta contra eles. O sujeito apropria-se do social sob uma forma específica, compreendidos aí sua posição, seus interesses, as normas e os papéis que lhe são propostos ou impostos. . sujeito não é uma *distância* para com o social, é sim um ser singular que se apropria do social sob uma forma *específica, transformada* em representações, comportamentos, aspirações, práticas, etc. Nesse sentido, o sujeito tem uma realidade social que pode ser estudada, analisada, de outra maneira, não em termos de diferença ou distância.

Considerar o sujeito como um ser ao mesmo tempo singular e social permitiria resolver também a questão das relações entre subjetivação e socialização. A subjetivação é distanciamento em relação à socialização, Dubet escreve. Mas como explicar tal distanciamento proibindo-se sair do enfoque social? Fica então a obrigação de pensar uma subjetivação que é gerada a partir do social e que, contudo, permite ao indivíduo tomar suas distâncias em relação ao social: "aí está o paradoxo da socialização que é também uma subjetivação" (1996). F. Dubet consegue explicitar esse paradoxo. "A subjetivação dos indivíduos só se constitui na experiência da distância entre os diferentes Eus sociais e a imagem de um sujeito que se oferece na religião, nas artes, na ciência, no trabalho... em suma, todas as figuras históricas disponíveis". Em outras palavras, o indivíduo encontra na sociedade "figuras sociais da subjetividade" que lhe permitem distanciar-se dos Eus sociais constituídos por interiorização das normas e dos interesses. A subjetivação é pensada como distância entre os Eus sociais e *a imagem social de um sujeito*. Está salva a honra do sociólogo: ele não saiu do enfoque social.

A solução é elegante no plano intelectual, mas não deixa de ser fonte de problemas. Com efeito, qual será o estatuto dessas "figuras sociais da subjetividade"? São duas as possíveis respostas: ou se trata de figuras oferecidas às aspirações do sujeito e que lhe permitem desvencilhar-se da identificação com normas e interesses – isso supõe, entretanto, que se haja proposto um sujeito – o que não se quis fazer –; ou se trata de figuras elas mesmas interiorizadas. Nesse caso, o indivíduo leva dentro de si um Eu social que é recusa de uma definição em termos de papéis e interesses e é exigência de unidade; esse Eu social mantém uma dinâmica de subjetivação. Tal solução é coerente com a teoria desenvolvida por Dubet. Mas obriga a definir o psiquismo em termos de interiorização do social, sendo a originalidade de Dubet o fato de considerar que o social interiorizado é heterogêneo e trabalhado por tensões. A explicação em termos de interiorização afinou-se; mas não se saiu da interiorização.

Aí está, precisamente, a totalidade do problema; e todas as perguntas anteriores poderiam ser concentradas em uma única: *com quem* ocorre tudo quanto Dubet descreve? *quem* é que experimenta distância em relação a sí próprio? *quem* se sente "obrigado a articular lógicas de ação diferentes", *quem* experimenta essa aspiração a unificar-se? *quem* olha para modelos culturais que propõem a representação de um sujeito? *quem*, no fim do processo, se sente como sujeito ou como alienado?

De qualquer maneira, resta a obrigação de atribuir, de saída, um psiquismo a quem passa por esses processos. Daí, logo, a questão: qual será a natureza desse psiquismo? Será ou não o de um sujeito?

Minha resposta é sim: é o psiquismo de um sujeito, não há psiquismo senão de um sujeito. Mas o que Dubet estuda sob o nome de subjetivação não é, então, a construção do sujeito, o qual já está presente, desde o começo. O que ele estuda são formas sociais da subjetividade e a tomada de consciência reflexiva de cada um como sujeito. Mas, será possível conduzir tal estudo sem tomar em consideração tudo quanto nos ensinou a psicologia e, para além dela, a antropologia, a filosofia, a lingüística...?

A resposta dos sociólogos é "não", ou, mais precisamente: é provável que seja o psiquismo de um sujeito, mas ao sociólogo não é permitido pensar esse psiquismo em referência a um sujeito. Vimos que, com o conceito de *habitus*, Bourdieu define um psiquismo de posição. Dubet, por sua vez, procura constituir a subjetividade enquanto categoria sociológica sem por isso ter de admitir o sujeito enquanto objeto de análise do sociólogo[5]. Para isso, ele se apóia, assim como o sociólogo clássico, no conceito de interiorização. Ora, vimos que tal conceito esvazia a especificidade das próprias noções de psiquismo e subjetividade. Pensar em termos de interiorização acaba sempre por constituir um psiquismo que não é psiquismo, uma subjetividade que não é subjetividade. Com isso, o olhar sociológico encerra-se em limites que o bloqueiam. Assim, não deixa de surpreender que a sociologia de Dubet, construída em termos de lógicas de ação, não conceda um verdadeiro lugar à questão da *ação* do indivíduo sobre o mundo e no mundo. Assim como surpreende – mas talvez seja uma conseqüência do que antecede – que sua sociologia da experiência escolar não diga praticamente nada a respeito do aluno ante o saber e a necessidade de aprender. Uma verdadeira sociologia do sujeito não poderia esquecer que a criança é jogada num mundo do qual ela se deve apropriar com sua atividade, mundo no qual está sempre, confrontando-se com a questão do saber.

Ou seja, é por uma sociologia do sujeito que se deve trabalhar. Essa sociologia não poderá abrir mão de uma diálogo (crítico) com as ciências humanas que também tratam do sujeito: a psicologia, é claro, mas, também, a antropologia (pois trata-se de um sujeito *humano*), as ciências da linguagem, outras, talvez[6]. Eu acharia até, aliás, que F. Dubet chega às mesmas conclusões. Perto do fim de *Sociologie de l'expérience*, escreve ele: "nenhuma explicação sociológica pode abrir mão de uma antropologia e, mais ainda, de uma psicologia, abstratas porém *verossímeis*". Na conclusão, ele dá mais um passo: "não é possível conformar-se a separar sempre e totalmente a psicologia abstrata dos sociólogos da psicologia clínica dos psicólogos, a qual, aliás, sempre contém uma sociologia latente. O desvio de uma análise da experiência pela sociologia não pode abrir mão de um equivalente ou de um prolongamento na psicologia particular dos indivíduos". Está na hora, com efeito, de os sociólogos deixarem de tratar matérias psíquicas negando ao mesmo tempo o sujeito e de se interrogarem sobre as condições de possibilidade de uma sociologia do sujeito[7].

Falta trabalhar e estabelecer essas condições. Não se trata de situar um sujeito filosófico dotado de faculdades que escapam a qualquer forma de objetivação, ou um sujeito psicológico concebido como uma misteriosa entidade encerrada em sua intimidade. A sociologia deve estudar o sujeito como um conjunto de relações e processos[8]. O sujeito é um ser singular, dotado de um psiquismo regido por uma lógica específica, mas também é um indivíduo que ocupa uma posição na sociedade e que está inserido em relações sociais. Uma sociologia do sujeito pode dedicar-se a compreender como o indivíduo se apropria do universo social dos possíveis (para retomar os termos de Bourdieu), como ele constrói seu mundo singular tendo por referência lógicas de ação heterogêneas (como diria Dubet), quais são suas relações com o "saber" (referência aos nossos próprios trabalhos) e, talvez, muitas outras coisas. Não se trata de dissolver a sociologia em um discurso vago sobre o sujeito, mas, sim, de propor-lhe que estude o sujeito como um conjunto de relações e processos.

3 O "fantasma de outrem que cada um carrega em si": uma incursão no terreno dos psicólogos.

Uma sociologia do sujeito não pode correr o risco de deixar de lado a psicologia e seus conhecimentos. Mas nem toda psicologia tem uma utilidade igual para o sociólogo. Assim, a psicologia de Piaget não lhe proporcionará muito. Trata-se, com efeito, fundamentalmente, de uma psicologia do desenvolvimento que encontra suas referências na biologia e na lógica, mesmo que não ignore totalmente a dimensão social do desenvolvimento da criança. Uma sociologia do sujeito só pode dialogar com uma psicologia que estabeleça como princípio que toda a relação de mim comigo mesmo passa pela minha relação com o outro[9]. Portanto, é precisamente esse, hoje, um dos princípios básicos da psicologia clínica.

A psicanálise apóia-se amplamente em tal princípio. Freud o implementa através de conceitos como identificação, sublimação, Superego. Lacan desenvolve uma teoria na qual o outro está no cerne do sujeito, atribuindo uma grande importância ao estágio do espelho, essa primeira relação consigo mesmo que é relação consigo mesmo enquanto outro (Ogilvie, 1987).

A psicanálise não tem, no entanto, o monopólio desse princípio. Este pode ser encontrado também em psicólogos que não o invocam, ao menos não diretamente, tais como Wallon ou Vygotsky.

Wallon escreve: "O indivíduo, se ele se reconhece como tal, é essencialmente social; o é, não em conseqüência de contingências externas, mas, sim, de uma necessidade íntima; e o é geneticamente" (1946). Para Wallon, com efeito, o eu e o outro estão ligados para sempre. Constituem-se conjuntamente, a partir de uma estado inicial de indistinção; e o Outro permanece um "parceiro perpétuo do Eu na vida psíquica", esse "fantasma de outrem que cada um leva dentro de si" (1946).

Seguindo outro caminho, Vygotsky também diz que o homem é geneticamente social[10]. "Cada função psíquica superior aparece duas vezes durante o desenvolvimento da criança; primeiro, como atividade coletiva, social, e, portanto, como função interpsíquica; depois, uma segunda vez, como atividade individual, como propriedade interna do pensamento da criança, como função intrapsíquica" (1933). Assim, a linguagem não é egocêntrica antes de ser socializada, como em Piaget; é, primeiro, forma da troca social, a seguir, diálogo egocêntrico, depois, linguagem interna (1934). Mas essa interioridade é pensada como modo de funcionamento específico do psiquismo e, não como interiorização: "A transferência [das funções psíquicas] para o interior está ligada a mudanças nas leis que regem sua atividade; elas são incorporadas em um novo sistema que possui suas próprias leis" (1930).

Observemos, finalmente, que filósofos e antropólogos também afirmam o princípio de que a relação consigo supõe a relação com o outro. Assim, toda a obra de Girard se fundamenta na idéia de que o desejo é desejo do desejo do outro (Girard, 1982; Martinez, 1996).

Toda relação consigo é também relação com o outro, e toda a relação com o outro é também relação consigo próprio. Há aí um princípio essencial para a construção de uma sociologia do sujeito: é porque cada um leva em si o fantasma do outro e porque, inversamente, as relações sociais geram efeitos sobre os sujeitos que é possível uma sociologia do sujeito. Aí, também, um princípio fundamental para compreender-se a experiência escolar e para analisar-se a relação com o saber: a experiência escolar é, indissociavelmente, relação consigo, relação com os outros (professores e colegas), relação com o saber.

A esse respeito, o recente livro da equipe de Paris X que está trabalhando a questão da relação com o saber de um ponto de vista psicanalítico me parece problemático (Beillerot, Blanchard-Laville, Mosconi et al., 1996). Com efeito, após terem situado o outro no cerne do desejo de saber, os Autores esquecem esse princípio, parece-me, e regridem no sentido de uma interpretação biologizante do desejo.

Na conclusão de seu texto, Jacky Beillerot escreve: "Todo o estudo que tomar a relação com o saber como noção central não poderá desvencilhar-se do alicerce psicanalítico; não que isso proíba outras abordagens, mas a partir da teorização da relação de objeto, do desejo e do desejo de saber, a seguir, da inserção social desses em relações (que ligam o psicológico ao social)[11] é que será possível correr o risco de fazer trabalhar e evoluir a noção; uma evolução que não esquecerá algo essencial; sob pena de fazer-lhe perder seu sentido: não há sentido senão o do desejo". Há aí várias afirmações que convém dissociar.

Não há relação com o saber senão de parte de um sujeito; e o sujeito é desejo; concordo plenamente; e por ignorar essa dinâmica do desejo é que a sociologia fica amarrada num psiquismo sem sujeito. Endosso também as fórmulas com as quais J. Beillerot lembra o que é o desejo. O desejo é "uma aspiração primeira", " causa é o desejo e, não, o objeto ". Contudo, se é certo que o desejo é o dado básico, se é certo que o desejo se define enquanto tal, mesmo definindo-se enquanto tal e não a partir do objeto desejado, o desejo só pode existir sob forma de um "desejo de": não há desejo sem objeto de desejo. Esse objeto, em última análise, sempre é o outro. "Outrem está na mira do desejo, outrem enquanto pessoa; a um desejo só outro desejo concerne; o desejo visa àquilo que no outro designa um outro desejo". Eu não pensaria, nem por um momento, pois, em negar que haja um lugar para um trabalho psicanalítico sobre o desejo de saber e sobre a relação com o saber.

Inversamente, não posso concordar com uma abordagem que pretende fundamentar o desejo na pulsão (em uma perspectiva biologizante que faz regredir de Lacan a Freud) e introduz o social apenas em um segundo, ou terceiro, momento. É essa a abordagem desenvolvida no texto de Nicole Mosconi que se segue imediatamente ao de J. Beillerot.

Explica ela que na origem de tudo está "o processo somático, localizado em um órgão", que gera uma pulsão. Essa pulsão procurar satisfazer-se investindo em um objeto ("A meta de uma pulsão sempre é a satisfação"; seu "objeto" é "aquilo através do que a pulsão pode alcançar uma meta"). Uma pulsão, porém, pode mudar de objeto: "metas intermediárias podem oferecer-se à pulsão. O saber pode apresentar-se como capaz de oferecer essas satisfações intermediárias". Através desse processo de sublimação, o objeto-saber torna-se "o objeto das tendências pulsionais". Deve-se, no entanto, passar por uma última etapa. Com efeito, esse objeto-saber ainda está sob o domínio do sujeito, "é, ao menos parcialmente, o produto de seu imaginário individual". Para haver relação com o saber, resta passar para o saber "produzido pelo imaginário (...) da sua sociedade". E isso é possível graças à "socialização da psique".

Nessa teorização, a pulsão permite pensar o psiquismo sem referir-se ao outro (que é introduzido somente no momento da sublimação). Assim sendo, a construção do conceito de relação com o saber seguirá as transformações da pulsão; e só encontrará o outro em um segundo tempo; e o social, em um terceiro. Na verdade, os autores deixaram uma teoria do desejo; ou, mais exatamente, a desviaram para uma teoria da pulsão, esquecendo que "outrem é a mira do desejo", que "um desejo só pode se referir a um outro desejo". Eles nos propõem um sujeito que não é imediatamente social e que se torna social somente através da "socialização da psique"; da mesma maneira como a sociologia situa um psiquismo que não é imediatamente o de um sujeito e que se torna (eventualmente), isso somente através de um processo de subjetivação. Por isso, não é de admirar que eles assumam uma posição imperial (a psicanálise como alicerce de todo discurso sobre a relação com o saber), frente ao campo, também imperial, da sociologia que considera o sujeito como uma ilusão. Permitam-me destacar que essa violência que as ciências humanas exercem umas sobre as outras (Martinez, 1996) apóia-se amplamente no desconhecimento da identidade do outro. A equipe de Paris X reduz a sociologia à sua versão clássica: "as grandes forças sociais jamais agem diretamente sobre os indivíduos, agem sempre através dos coletivos, grupos ou instituições aos quais o indivíduo pertence" (Mosconi); assim como muitos sociólogos parecem ignorar que a psicologia clínica atual situa o outro no cerne do sujeito.

"O único sentido é o do desejo", escreve J. Beillerot. É verdade, mas esse desejo não é o avatar de uma pulsão biológica. É, indissociavelmente, ausência do sujeito em relação a si mesmo e presença dele no outro. Não há sentido senão para um sujeito em busca de si e aberto ao outro e ao mundo. Toda a relação consigo mesmo é relação com o outro. Toda a relação com o outro é relação consigo mesmo. E essa dupla relação – que é uma só – é relação entre eu e o outro em um mundo que partilhamos e que ultrapassa nossa relação. A questão pertence à antropologia. A perspectiva antropológica está ausente em Dubet, que situa a socialização e a subjetivação, mas esquece a hominização.

Está ausente na equipe de Paris X, que esquece que o sujeito e seu desejo não são inteligíveis senão através da condição humana. É daí que é necessário partir: da condição do filho do homem, condição que faz dele um sujeito, ligado ao outro, desejando, partilhando um mundo com outros sujeitos e com eles transformando esse mundo. Essa condição impõe ao filho do homem que se aproprie do mundo e construa a si mesmo, se eduque e seja educado.

Notas

1. O grifo nas citações deve-se ao Autor.

2. Nesse sentido, pode-se falar do *habitus* de um grupo, ou de um indivíduo, enquanto considerado (e *apenas* considerado) como membro desse grupo, mas não do *habitus* de um indivíduo considerado como indivíduo *singular*, isto é, como sujeito.

3. Nesta seção, eu cito dois livros. Na ausência de indicação, a referência da citação é a mesma que a da citação anterior.

4. O livro de 1994 foi publicado por F. Dubet sozinho, enquanto o de 1996 foi escrito em colaboração com D. Martuccelli. Poder-se-ia portanto avançar a hipótese de que a passagem de um modelo ternário para um modelo binário deve-se a D. Martuccelli. Eu não creio: por um lado, *Sociologie de l'expérience* (1994) já mostra as marcas dessa dualidade; por outro, ambos os modelos coexistem no livro de 1996. Outrossim, veremos que esses modelos são compatíveis, mas que a passagem de um para outro é representativa das dificuldades enfrentadas por essa teoria.

5. Ao menos em sua sociologia explícita. Pois, muito felizmente, sua sociologia real, a que ele aplica na análise dos dados, recorre sem parar a processos subjetivos; de maneira que costumo concordar com suas interpretações.

6. Não se pode excluir *a priori* a idéia de que tal sociologia tenha algo a aprender da filosofia, da história e até da literatura.

7. Fica claro que uma sociologia do sujeito não é a única sociologia possível, ou legítima. Tudo depende do objeto que o sociólogo escolher.

8. Não há ciência senão racional, conforme Bourdieu lembra com muita pertinência(1994).

9. Evidentemente, "o outro" em questão não é necessariamente um outro fisicamente presente. É o outro como forma pessoal da alteridade, como ordem simbólica, como ordem social...

10. Retomo aqui grande parte das análises de J.Y. Rochex (1995).

11. Nota de J. Beillerot: "À inserção social, evidentemente, não 'se segue' à produção psíquica, sendo que esta se desenvolve em um estar social que a antecede; mas cada sujeito contribui também para o desenvolvimento social de parte de sua liberdade".

CAPÍTULO

4

O "FILHO DO HOMEM": OBRIGADO A APRENDER PARA SER (UMA PERSPECTIVA ANTROPOLÓGICA)

Quem se torna um sujeito, é educado e se educa é um filho do homem: a condição primacial do indivíduo humano deveria ser o fundamento basilar de qualquer teoria da educação, qualquer que seja a disciplina a que se filie.

1 Nascer é estar submetido à obrigação de aprender

Kant já escrevia, no fim do século XVIII: "O homem é a única criatura que precisa ser educada (...) Por ser dotado de instinto, um animal, ao nascer, *já é tudo o que pode ser*; uma razão alheia já cuidou de tudo para ele. O homem, porém, deve servir-se de sua própria razão. Não tem instinto e deve determinar ele próprio o plano de sua conduta. Ora, por não ter de imediato capacidade para fazê-lo, mas, ao contrário, entrar no mundo, por assim dizer, em estado bruto, é preciso que outros o façam para ele". Em 1796, Fichte retoma essa idéia: "Em uma palavra, todos os animais são acabados e perfeitos; o homem é apenas indicado, esboçado (...) Todo o animal *é o que é*; somente o homem não é, na origem, nada. Deve tornar-se o que deve ser; e porque deve ser um ser-para-si, deve tornar-se isso por si mesmo. A natureza acabou todas as suas obras; mas abandonou o homem e o entregou a ele próprio (...) Se o homem é um animal, trata-se então de um animal extremamente imperfeito e por essa mesma razão não é um animal"[1]. O essencial já está aí: o homem não é, deve tornar-se o que deve ser; para tal, deve ser educado por aqueles que suprem sua fraqueza inicial e deve educar-se, "tornar-se por si mesmo".

Esse inacabamento do homem foi pensado pelos cientistas como prematuração: tudo ocorre, com efeito, como se o homem nascesse com seu desenvolvimento inconcluso e devesse ser acabado fora do útero. Também, nasce frágil, mas, igualmente, provido de uma grande plasticidade; não é definido por instintos: define-se ao longo de uma história. Para retomar os termos de Fichte, é por ser um animal imperfeito (não completamente feito) que o homem não é um animal. Essa imaturidade, se acreditarmos na teoria da neotínea, inscreve-se na história da espécie: o homem nasce prematuro por ser neotênico. Designa-se como "neotínea" o fato, observado em insetos e batráquios, de que certas espécies se reproduzem quando os indivíduos ainda conservam sua forma larvar (Bolk, 1926; Lapassade, 1963)[2]. Na história das espécies, o homem seria uma forma fetal; em um certo sentido, um feto de primata...

Mas a prematuração do homem é apenas uma face da condição humana, inseparável de sua outra face: o homem sobrevive por nascer em um mundo humano, pré-existente, que já é estruturado. Lucien Sève centrou seus trabalhos nessa outra face (1968). Ele lembra e desenvolve a Sexta Tese de Marx sobre Feuerbach: "A essência humana não é uma abstração inerente ao indivíduo considerado à parte. Em sua realidade, é o conjunto das relações sociais". É verdade que a criança está mal equipada ao nascer, mas ela beneficia-se da "fabulosa riqueza de seu 'equipamento' *social excentrado*". "Em outras palavras, a essência originária do indivíduo humano não está dentro dele mesmo, mas, sim, fora, em uma posição excêntrica, no mundo das relações sociais". "A *humanidade* (no sentido de 'ser homem'), em oposição à *animalidade* (o 'ser animal') não é um dado presente por natureza em cada indivíduo isolado, é o *mundo social humano*; e cada indivíduo *natural* torna-se *humano* ao 'hominizar-se' através de seu processo de vida real no âmago das relações *sociais*". Ou seja, a condição humana não é apenas a ausência do ser na criança que nasce; é também o ingresso em um mundo onde o humano existe sob a forma de outros homens e de tudo o que a espécie humana construiu anteriormente. A educação é essa apropriação, sempre parcial, de uma essência excêntrica do homem.

Kant e Fichte, a anatomia comparada, Sève: as referências são díspares e as teorias, incompatíveis. Convergem, no entanto, no ponto que nos interessa aqui: a definição da condição humana que – somente ela – permite tomar em consideração todas as dimensões da educação do homem.

Por sua condição, o homem é um ausente de si mesmo. Carrega essa ausência em si, sob forma de desejo. Um desejo que sempre é, no fundo, desejo de si, desse ser que lhe falta, um desejo impossível de saciar, pois saciá-lo aniquilaria o homem enquanto homem.

Mas, por sua condição também, o homem é uma presença fora de si.

Está presente nesse outro que, muito concretamente, lhe permite sobreviver e que também é um homem[3]. Esse outro, por ser a figura do humano, é objeto de desejo, em formas complexas[4]. É objeto de amor, pois ele é aquilo que eu preciso; e, indissociavelmente, objeto de ódio, pois sua existência em si mesma atesta que eu não resumo a totalidade do humano.

Mas o homem está presente também sob a forma de um mundo, um mundo humano produzido pela espécie ao longo de sua história e que existe antes da criança, sob a forma de estruturas, ferramentas, relações, palavras e conceitos, obras.

Essa ausência de si mesmo/presença em si fora de si mesmo é a própria condição do homem. Constitui-o como sujeito e mantém a dinâmica do desejo, que não pode ser reduzido a uma pulsão orgânica em busca de objeto. Mas nem por isso esse sujeito se reduz ao desejo e à relação com o outro enquanto pessoa. É também um corpo "engajado" em um mundo onde deve sobreviver, agir, produzir, mesmo que, em um primeiro tempo, essa necessidade seja assumida por outros. O mundo não se sobrepõe a um universo onde estariam apenas o sujeito e o outro, unidos e divididos em relações de desejo. O mundo está aqui, imediatamente; nele, o outro e a alteridade assumem formas "concretas", sociais. Mesmo sendo a estrutura fundamental do sujeito, o desejo ainda é "desejo de" e esse "de" remete a uma alteridade que tem uma forma social, quer se trate do outro como pessoa, quer como objeto do desejo.

Nascer é penetrar nessa condição humana. Entrar em uma história, a história singular de um sujeito inscrita na história maior da espécie humana. Entrar em um conjunto de relações e interações com outros homens. Entrar em um mundo onde ocupa um lugar (inclusive, social) e onde será necessário exercer uma atividade.

Por isso mesmo, nascer significa ver-se submetido à obrigação de aprender. Aprender para construir-se, em um triplo processo de "hominização" (tornar-se homem), de singularização (tornar-se um exemplar único de homem), de socialização (tornar-se membro de uma comunidade, partilhando seus valores e ocupando um lugar nela). Aprender para viver com outros homens com quem o mundo é partilhado. Aprender para apropriar-se do mundo, de uma parte desse mundo, e para participar da construção de um mundo pré-existente. Aprender em uma história que é, ao mesmo tempo, profundamente minha, no que tem de única, mas que me escapa por toda a parte. Nascer, aprender, é entrar em um conjunto de relações e processos que constituem um sistema de sentido, onde se diz quem eu sou, quem é o mundo, quem são os outros.

Esse sistema se elabora no próprio movimento através do qual eu me construo e sou construído pelos outros, esse movimento longo, complexo, nunca completamente acabado, que é chamado educação.

A educação é uma produção de si por si mesmo, mas essa autoprodução só é possível pela mediação do outro e com sua ajuda. A educação é produção de si por si mesmo; é o processo através do qual a criança que nasce inacabada se constrói enquanto ser humano, social e singular. Ninguém poderá educar-me se eu não consentir, de alguma maneira, se eu não colaborar; uma educação é impossível, se o sujeito a ser educado não investe pessoalmente no processo que o educa. Inversamente, porém, eu só posso educar-me numa troca com os outros e com o mundo; a educação é impossível, se a criança não encontra no mundo o que lhe permite construir-se. Toda educação supõe o desejo, como força propulsionadora que alimenta o processo. Mas só há força de propulsão porque há força de atração: o desejo sempre é "desejo de"; a criança só pode construir-se porque o outro e o mundo são humanos e, portanto, desejáveis.

Chega-se à mesma conclusão raciocinando-se a partir dos educadores e da sociedade que têm o projeto de formar a criança. Para reproduzir-se, devem produzir filhos; engendrá-los, mas também produzi-los como *seus* filhos, membros de uma família e de uma sociedade num momento da história. Essa produção, no entanto, apresenta um caráter particular: a criança é ao mesmo tempo a "matéria prima" e o operador imediato do processo, processo que os educadores só podem conceber e mediar. Pode-se aplicar à educação o conceito de "uso de si mesmo por si mesmo" desenvolvido por Yves Schwartz no que respeita ao trabalho: "tudo indica, no estudo dos atos de trabalho, que o 'uso' não é apenas o que fazem de nós, mas, também, o que nós fazemos de nós" (1987).

Dado que a criança nasce inacabada, deve construir-se e só pode fazê-lo de "dentro", a educação é produção de si próprio. Dado que a criança só pode construir-se apropriando-se de uma humanidade que lhe é "exterior", essa produção exige a mediação do outro. A educação não é subjetivação de um ser que não seria sujeito; o sujeito está sempre aí. A educação não é socialização de um ser que não fosse já social: o mundo, e com ele a sociedade, já está sempre presente.

O que é analisado aqui como relação funciona como um processo que se desenvolve no tempo e implica atividades. Para haver atividade, a criança deve mobilizar-se. Para que se mobilize, a situação deve apresentar um significado para ela. Gostaria de esclarecer esses três conceitos que a equipe ESCOL com freqüência utiliza em suas análises da relação com o saber: *mobilização, atividade, sentido*.

2 Mobilização, atividade, sentido: definição de conceitos

O conceito de mobilização implica a idéia de movimento. Mobilizar é pôr em movimento; mobilizar-se é pôr-se em movimento. Para insistir nessa dinâmica interna é que utilizamos o termo de "mobilização", de preferência ao de "motivação". A mobilização implica mobilizar-se ("de dentro"), enquanto que a motivação enfatiza o fato de que se é motivado por alguém ou por algo ("de fora"). É verdade que, no fim da análise, esses conceitos convergem: poder-se-ia dizer que eu me mobilizo para alcançar um objetivo que me motiva e que sou motivado por algo que pode mobilizar-me[5]. Mas o termo *mobilização* tem a vantagem de insistir sobre a dinâmica do movimento.

Para além da idéia de movimento, o conceito de mobilização remete para outros dois conceitos: o de recursos e o de móbil (entendido como "razão de agir").

Mobilizar é pôr recursos em movimento. Mobilizar-se é reunir suas forças, para fazer uso de si próprio como recurso. Nesse sentido, a mobilização é ao mesmo tempo preliminar, relativamente à ação (a mobilização não é a guerra...) e seu primeiro momento (...mas indica a proximidade da entrada na guerra).

Mobilizar-se, porém, é também engajar-se em uma atividade originada por móbiles, porque existem "boas razões " para fazê-lo. Interessarão, então, os móbiles da mobilização, o que produz a movimentação, a entrada em atividade. O próprio móbil não pode ser definido senão por referência a uma atividade: a atividade é um conjunto de ações propulsionadas por um móbil e que visam a uma meta (Leontiev, 1975; Rochex, 1995). Ações são operações implementadas durante a atividade. A meta é o resultado que essas ações permitem alcançar. O móbil, que deve ser distinguido da meta, é o desejo que esse resultado permite satisfazer e que desencadeou a atividade. Assim, um crime é um conjunto de ações que levam à morte de alguém (resultado dessas ações). A meta do crime é livrar-se de alguém que incomoda. O móbil do crime é o amor, o ódio, o desejo de ser rico ou poderoso...

A criança mobiliza-se, em uma atividade, quando investe nela, quando faz uso de si mesma como de um recurso, quando é posta em movimento por móbeis que remetem a um desejo, um sentido, um valor. A atividade possui, então, uma dinâmica interna. Não se deve esquecer, entretanto, que essa dinâmica supõe uma troca com o mundo, onde a criança encontra metas desejáveis, meios de ação e outros recursos que não ela mesma.

Por que será que estamos falando em *atividade* e, não, em trabalho ou *prática*? Os três termos são, em parte, intercambiáveis, mas somente em parte, pois não enfatizam o mesmo. O conceito de trabalho acentua o dispêndio de energia: etimologicamente, a palavra está ligada à idéia de tortura[*], ou, na

---

[*] N. de R.T. "Trabalho": do latim, "tripalium", instrumento de tortura romano. (cf. CUNHA, Antônio G. da, *Dicionário etimológico nova fronteira da língua portuguesa*, Rio de Janeiro, Nova Fronteira, 1982 - verbete)

Bíblia, à de castigo; e a idéia de dispêndio de energia volta a ser encontrada no trabalho do parto ou no uso do termo na física. O conceito de prática remete a uma ação finalizada e contextualizada, constantemente confrontada com minivariações (Charlot, 1990). Preferimos falar em atividade, para acentuar a questão dos móbiles, isto é, para ressaltar que se trata de uma atividade de um sujeito. Não esqueçamos, entretanto, que essa atividade desenvolve-se em um mundo e que ela supõe, pois, "trabalho" e "práticas".

Por fim, é necessário que eu esclareça o que entendo por *sentido*, conceito amplamente utilizado em todas as nossas [da equipe] pesquisas. Trata-se de uma difícil tarefa; e, é claro, não se trata de resolver aqui, em poucas linhas, uma questão tão debatida quanto essa; trata-se, apenas, de mostrar o que tenho em mente ao utilizar esse conceito.

Auxiliar-me-á um artigo de Francis Jacques intitulado "De la signifiance" (1987). Um enunciado é significante se tiver um sentido (plano sintático, o da diferença), se disser algo sobre o mundo (plano semântico, o da referência) e se puder ser entendido em uma troca entre interlocutores (plano pragmático, o da comunicabilidade). "Significar é sempre significar algo a respeito do mundo, para alguém ou *com alguém*". Tem "significação" o que tem sentido, que diz algo do mundo e se pode trocar com outros. Que será *o sentido*, estritamente dito? É sempre o sentido de um enunciado, produzido pelas relações entre os signos que o constituem, signos esses que têm um valor diferencial em um sistema.

Ao traduzir (muito livremente...) essa análise, para utilizá-la fora de seu campo, o da linguagem e da interlocução, proporei uma tripla definição: têm sentido uma palavra, um enunciado, um acontecimento que possam ser postos em relação com outros em um sistema, ou em um conjunto; faz sentido para um indivíduo algo que lhe acontece e que tem relações com outras coisas de sua vida, coisas que ele já pensou, questões que ele já se propôs. É significante (ou, aceitando-se essa ampliação, tem sentido) o que produz inteligibilidade sobre algo, o que aclara algo no mundo. É significante (ou, por ampliação novamente, tem sentido) o que é comunicável e pode ser entendido em uma troca com outros. Em suma, o sentido é produzido por estabelecimento de relação, dentro de um sistema, ou nas relações com o mundo ou com os outros.

Proponho-me, ainda, dando mais um passo à frente, sublinhar que esse sentido é um sentido para alguém, que é um sujeito. Apoiar-me-ei agora sobre Leontiev e sua teoria da atividade (Leontiev, 1975; Rochex, 1995). Para Leontiev, o sentido de uma atividade é a relação entre sua meta e seu móbil, entre o que incita a agir e o que orienta a ação, como resultado imediatamente buscado. Retomemos o exemplo do crime. Que sentido terá matar alguém? Sua morte (resultado do crime), o fato de livrar-me de quem me incomoda (meta) permitem-me satisfazer o desejo que era o móbil do crime. Nem a meta sozinha, nem o móbil sozinho me permitem entender o sentido do ato, que se aclara somente se eu puser em relação essa meta e esse móbil. Introduzindo-se aí a idéia de desejo (que não se encontra, explicitamente, na teoria de Leontiev), pode-se dizer que fazem sentido um ato, um acontecimento, um situação que se inscrevam nesse nó de desejos que o sujeito é. Conforme escreve J. Beillerot, "não há sentido senão do desejo" (Beillerot, Blanchard-Laville, Mosconi *et al.*, 1996).

Conviria no entanto distinguir o sentido enquanto "desejabilidade", valor (positivo ou negativo), e o sentido simplesmente ligado à significação. Quando eu digo "isso tem realmente um sentido para mim", estou indicando que dou importância a isso, que para mim isso tem um valor (ou, se isso não tiver sentido, é porque, como dizem os colegiais, "não vale nada"). Mas, quando digo que "não entendo nada", isso quer dizer simplesmente que o enunciado ou o acontecimento não têm significado.

Vale precisar também que uma coisa pode fazer sentido para mim sem que eu saiba claramente por que, não saiba nem sequer que ela faz sentido. Toda a psicanálise está aí para mostrar isto: não somos transparentes para nós mesmos.

Finalmente, vale destacar que a questão do sentido não está resolvida de uma vez por todas. Algo pode adquirir sentido, perder seu sentido, mudar de sentido[6], pois o próprio sujeito evolui, por sua dinâmica própria e por seu confronto com os outros e o mundo.

O sujeito cuja relação com o saber estudamos não é, portanto, nem uma misteriosa entidade substancial definida pela Razão, a Liberdade ou o Desejo, nem um sujeito encerrado em uma inapreensível intimidade, nem um sucedâneo de sujeito construído por interiorização do social em um psiquismo de ficção, mas, sim, um ser humano levado pelo desejo e aberto para um mundo social no qual ele ocupa uma posição e do qual é elemento ativo. Esse sujeito pode ser analisado de modo rigoroso: constitui-se através de processos psíquicos e sociais que podem ser analisados, define-se com um conjunto de relações (consigo, com os outros e com o mundo) que pode ser conceitualmente inventariado e articulado.

Notas

1. Kant, *Réflexions sur l'éducation*. O manuscrito foi estabelecido a partir de aulas dadas por Kant entre 1776 e 1787. Cito a edição publicada em 1966 por Vrin. Cito Fichte a partir de uma nota de Alexis Philonenko, que introduz, traduz e comenta o texto de Kant.

2. A idéia de prematuridade do homem está no centro do pensamento de Wallon e Lacan. Este escreve: "Não se deve hesitar em reconhecer na primeira idade uma deficiência biológica positiva; e em considerar o homem como um animal de nascimento prematuro" (citado por Ogilvie, 1987).

3. Esse outro, na verdade, quando não reduzido à figura da alteridade, é plural: a criança nasce entre outros homens; e nasce de uma mulher e de um homem, situação essa que terá de enfrentar no triângulo edipiano.

4. Esse desejo é desejo do outro. É também, em uma perspectiva hegeliana, desejo de ser reconhecido pelo outro enquanto sujeito (e desejado por ele). Finalmente, em uma perspectiva girardiana, por

exemplo, é desejo do desejo do outro: dado que o outro é desejo, só posso apropriar-me do ser do outro apropriando-me de seu desejo.

5. Observamos, mais uma vez, que não se pode dissociar "dentro" e "fora". A "disjunção da interiorização da exterioridade e da exteriorização da interioridade" é impossível (Terrail, 1987).

6. Devo essa observação a Jean-Yves Rochex.

CAPÍTULO

5

O SABER E AS FIGURAS DO APRENDER

Nascer é ingressar em um mundo no qual estar-se-á submetido à obrigação de aprender. Ninguém pode escapar dessa obrigação, pois o sujeito só pode "tornar-se" apropriando-se do mundo.

São muitas as maneiras, no entanto, de apropriar-se do mundo, pois existem muitas "coisas" para aprender. Aprender pode ser adquirir um saber, no sentido estrito da palavra, isto é, um conteúdo intelectual ("meter coisas na cabeça", como os jovens dizem): significa, então, aprender a gramática, a matemática, a data da batalha de Marignan, a circulação do sangue, a história da arte... Mas, aprender pode ser também dominar um objeto ou uma atividade (atar os cordões dos sapatos, nadar, ler...), ou entrar em formas relacionais (cumprimentar uma senhora, seduzir, mentir...). A questão do "aprender" é muita mais ampla, pois, do que a do saber[1]. É mais ampla em dois sentidos: primeiro, como acabo de ressaltar, existem maneiras de aprender que não consistem em apropriar-se de um saber, entendido como conteúdo de pensamento; segundo, ao mesmo tempo em que se procura adquirir esse tipo de saber, mantêm-se, também, outras relações com o mundo.

Desse segundo ponto é que partirei. Qualquer tentativa para definir um puro sujeito de saber[2] obriga, *in fine*, a reintroduzir na discussão outras dimensões do sujeito. Simetricamente, qualquer tentativa para definir "o saber" faz surgir um sujeito que mantém com o mundo uma relação mais ampla do que a relação de saber.

1 Não há saber sem relação com o saber

Adquirir saber permite assegurar-se um certo domínio do mundo no qual se vive, comunicar-se com outros seres e partilhar o mundo com eles, viver certas experiências e, assim, tornar-se maior, mais seguro de si, mais independente. Existem outras maneiras, entretanto, para alcançar os mesmos objetivos. Procurar o saber é instalar-se num certo tipo de relação com o mundo; mas existem outros. Assim, a definição do homem enquanto sujeito de saber se confronta à pluralidade das relações que ele mantém com o mundo.

É o caso da filosofia clássica, que define a essência do homem pela Razão, a mente, o entendimento; em suma, qualquer que seja o nome que lhe é dado, pela faculdade que lhe permite ser um puro sujeito de saber. Ao longo de sua história, embora sob formas variadas, ela encena o combate da Razão contra as paixões, as emoções, e, em última instância, o corpo. Trata-se, na verdade, de cortar todos os vínculos do sujeito com o mundo, para conservar apenas um: a relação do sujeito enquanto Razão com o saber enquanto Idéia.

Não é tão fácil assim, porém, desvelar esse feixe de vínculos que une o sujeito, de múltiplas maneiras, com o mundo e com os outros. Dispensar as paixões e convocar a Razão é uma bela ambição, mas, para isso, a própria Razão não deve ser a máscara com a qual as paixões se escondem. Marx, Freud, Nietsche, Bourdieu, Foucault e vários outros têm-nos ensinado que a ideologia, o inconsciente, o desejo de poder, a dominação simbólica, a vontade de controlar, vigiar e punir tomam emprestadas à Razão suas formas e suas argumentações. A Razão é uma forma de relação com o mundo que constantemente se reveste de outras formas, que não pertencem ao domínio da Razão: atrás do sujeito de saber, a análise traz à tona as outras dimensões do sujeito.

Significará isso que esse sujeito de saber não passa de um charlatão e um escroque? Seria incorrer no erro cometido pelo relativismo epistemológico, quando, em nome da impossibilidade de desvincular o sujeito do saber de suas outras relações com o mundo, chega a negar toda e qualquer especificidade a esse sujeito. Se a Razão (ou qualquer outro nome que se lhe dê por exemplo, a atividade científica) não é uma forma *autônoma* de relação com o mundo; ainda assim, é uma forma *específica*. O sujeito de saber desenvolve uma atividade que lhe é própria: argumentação, verificação, experimentação, vontade de demonstrar, provar, validar. Essa atividade é também ação do sujeito sobre ele mesmo: tomar o partido da Razão e do saber é endossar exigências e proibições relativas a si próprio. Essa atividade implica ainda uma forma de relação com os outros, percebidos como comunidade intelectual. Por fim, seria fácil mostrar que essa atividade do sujeito de saber supõe e sugere uma certa relação com a linguagem e o tempo. Por certo, essa atividade pode ser carreada pelas "paixões", pela ideologia, pelo inconsciente, até por um empreendimento voluntário de engodo. Embora um tal processo contradiga sua especificidade epistemológica, não a aniquila.

Tudo somado, aparece ao mesmo tempo que o sujeito de saber mantém com o mundo uma relação, específica; nem por isso, deixa de estar "engajado" em outros tipos de relações com o mundo. Ao contrário, é presa constante de um duplo processo, que o incita a retirar-se do mundo (em seu "lar", seu jardim, seu sótão, ou seu laboratório) e que o leva a "sitiá-lo" para entender, ordenar e dominar o Todo. O sujeito de saber não pode ser compreendido sem que se o apreenda sob essa forma específica de relação com o mundo. Em outras palavras, não se poderia, para definir a relação com o saber, partir do sujeito de saber (da Razão); pois, para entender o sujeito de saber, é preciso apreender sua relação com o saber[3].

Tampouco pode-se partir da questão " que é o saber?", isto é, de uma definição do saber em sua acepção geral. Tal tentativa não deixa de ter interesse, mas chega, conforme veremos, à idéia de que não há saber senão para um sujeito "engajado" em uma certa relação com o saber.

Assim, J.M. Monteil (1985) dedica-se a distinguir a informação, o conhecimento e o saber. A informação é um dado exterior ao sujeito, pode ser armazenada, estocada, inclusive em um banco de dados; está "sob a primazia da objetividade". O conhecimento é o resultado de uma experiência pessoal ligada à atividade de um sujeito provido de qualidades afetivo-cognitivas; como tal, é intransmissível, está "sob a primazia da subjetividade". Assim como a informação, o saber está "sob a primazia da objetividade"; mas, é uma informação de que o sujeito se apropria. Desse ponto de vista, é também conhecimento, porém desvinculado do "invólucro dogmático no qual a subjetividade tende a instalá-lo". O saber é produzido pelo sujeito confrontado a outros sujeitos, é construído em "quadros metodológicos". Pode, portanto, "entrar na ordem do objeto"; e torna-se, então, "um produto comunicável", uma "informação disponível para outrem".

A análise parece-me pertinente: não há saber senão para um sujeito, não há saber senão organizado de acordo com relações internas, não há saber senão produzido em uma "confrontação interpessoal". Em outras palavras, a idéia de saber implica a de sujeito, de atividade do sujeito, de relação do sujeito com ele mesmo (deve desfazer-se do dogmatismo subjetivo), de relação desse sujeito com os outros (que co-constroem, controlam, validam, partilham esse saber).

As análises de J.M. Monteil, pois, vão ao encontro das de J. Schlanger (1978) que, ao interrogar-se sobre o que é o saber, conclui: "não pode haver saber fora da situação cognitiva, não pode haver saber em si". "O saber é uma relação, um produto e um resultado, relação do sujeito que conhece com seu mundo, resultado dessa interação". É verdade que o saber assim produzido aparece a seguir como um objeto autônomo; o que leva, por exemplo, a falar de um saber encerrado nos livros. Isso, porém, equivale a dar uma forma de substância ao que primeiro é atividade e relação. Como diz muito bem J. Schlanger, não há saber em si, o saber é uma relação. Essa relação, acrescentarei eu, é uma forma de relação com o saber. Ou, ainda: se a questão da relação com o saber é tão importante, é porque o saber é relação.

Essa idéia do saber como relação é ao mesmo tempo apreendida e desconhecida por aqueles que se dedicam a elaborar um inventário empírico dos diferentes tipos de saber (por exemplo, Malglaive, 1990). Assim, existiriam os seguintes: prático, teórico, processual, científico, profissional, operatório, etc. Os tipos de saber são tratados como espécies e classificados em meticulosos inventários à maneira de Linné. Há aí uma intuição correta: o saber não existe senão sob formas específicas. O erro, no entanto, consiste em acreditar-se que essas são as formas específicas de um objeto natural que se chamaria "saber", do qual poder-se-iam definir espécies e variedades, quando, na verdade, são formas específicas de relação com o mundo. Tal erro precipita os que o cometem em numerosas dificuldades.

Assim, que é que, em um saber, possibilita considerá-lo "prático"? Não é o próprio saber que é prático, mas, sim, o uso que é feito dele, em uma relação prática com o mundo. Essa distinção permite evitar falsos debates. Por exemplo, quando um engenheiro utiliza um enunciado de física dos materiais, deve-se falar em um saber científico ou em um saber prático? Não é porque o engenheiro o utiliza que o enunciado deixa de ser científico. Mas o engenheiro o utiliza para aplicá-lo, em uma prática. Ou seja, um impasse... Na verdade, esse enunciado não é nem científico, nem prático, como tal. Como tal, é um enunciado, não existindo motivo nenhum para que lhe acrescentem adjetivos. Não obstante, foi produzido em uma relação científica com o mundo (através de experimentação, validação por uma comunidade, etc.) e será reconhecido como científico por qualquer pessoa que se inscreva integralmente em tal relação com o mundo. Esse enunciado, todavia, é mobilizado pelo engenheiro em uma relação prática com o mundo (isto é, em uma relação finalizada e contextualizada)[4]. Em outras palavras, é a relação com esse saber que é "científica" ou "prática" e, não, esse saber em si mesmo.

Mas, dir-se-á, a prática é também uma forma de saber; ou, então: existe saber mesmo nas práticas. É verdade que uma prática deve ser aprendida para ser dominada; mas que se deva aprendê-la não significa que seja um saber; a não ser que o aprender e o saber sejam confundidos, o que – ressaltei e voltarei ao assunto – é um erro. É verdade que a prática mobiliza informações, conhecimentos e saberes; e, nesse sentido, é exato dizer-se que há saber nas práticas, mas, novamente, isso não quer dizer que sejam um saber (Charlot, 1990). Mas, replicar-se-á, existem coisas que se aprendem com a prática e que, entretanto, não são sabidas por aqueles que "não têm prática". Assim, um vendedor ou um professor de escola primária reagirá, "por instinto", de maneira pertinente, em tal ou qual situação, o que não saberia fazer quem não tivesse a prática de venda ou de ensino. Isso é verdade, mas, ainda, deve ser interpretado. Quem "tem prática" vive em um mundo onde percebe indícios que outros não veriam, dispõe de pontos de pontos de referência e de um leque de respostas dos quais outros estariam desprovidos. A prática não é cega, ela tem ferramentas e organiza seu mundo; ela supõe, e produz, o aprender. Mas esse aprender, que é o domínio de uma situação, não é da mesma natureza, nem em seu processo, nem em seu produto, que o saber enunciável como saber-objeto. Se, por razões de legitimação social, se quiser chamar "saber" (saber prático...) essa forma do aprender, que assim seja. Mas isso eqüivale a atribuir um mesmo nome a relações com o mundo, processos e produtos que não são da mesma ordem. E a experiência tem mostrado que isso induz a muita ambigüidade e confusão.

Resumamos. Não há sujeito de saber e não há saber senão em uma certa relação com o mundo, que vem a ser, ao mesmo tempo e por isso mesmo, uma relação com o saber. Essa relação com o mundo é também relação consigo mesmo e relação com os outros. Implica uma forma de atividade e, acrescentarei, uma relação com a linguagem e uma relação com o tempo.

O saber apresenta-se sob a forma de "objetos", de enunciados descontextualizados que parecem ser autônomos, ter existência, sentido e valor por si mesmos e como tais. Esses enunciados, porém, são as formas substancializadas (Schlanger, 1978) de uma atividade, de relações e de uma relação com o mundo.

Não há saber que não esteja inscrito em relações de saber. O saber é construído em uma história coletiva que é a da mente humana e das atividades do homem e está submetido a processos coletivos de validação, capitalização e transmissão. Como tal, é o produto de relações epistemológicas entre os homens. Não obstante, os homens mantêm com o mundo e entre si (inclusive quando são "homens de ciência") relações que não são apenas epistemológicas. Assim sendo, as relações de saber são, mais amplamente, relações sociais[5]. Essas relações de saber são necessárias para constituir o saber, mas, também, para apoiá-lo após sua construção: um saber só continua válido enquanto a comunidade científica o reconhecer como tal, enquanto uma sociedade continuar considerando que se trata de um saber que tem valor e merece ser transmitido.

Essa saber de construção coletiva é apropriado pelo sujeito. Isso só é possível se esse sujeito se instalar na relação com o mundo que a constituição desse saber supõe. Não há saber sem uma relação do sujeito com esse saber. Conforme vimos, no entanto, o sujeito jamais é um puro sujeito de saber: mantém com o mundo relações de diversas espécies. Também, um enunciado que possa ser investido em uma relação com o mundo que seja uma relação de saber pode também ser investido em um outro tipo de relação com o mundo: o aluno aprenderá para evitar uma nota baixa ou uma surra, para passar de ano, para ter uma boa profissão mais tarde, para agradar ao professor que considere simpático, etc. Nesse caso, a apropriação do saber é frágil, pois esse saber pouco apoio recebe do tipo de relação com o mundo (descontextualização, objetivação, argumentação...) que lhe dá um sentido específico; e adquire sentido em outro sistema de sentido. Nesse caso também, a apropriação do saber não é acompanhada pela instalação em uma forma específica de relação com o mundo e não surte quase nenhum efeito na formação, nem, tampouco, de "transferência"[6].

As análises precedentes trazem várias conseqüências, de diversas ordens.

Primeiro, uma conseqüência metodológica. Se postularmos primeiro o sujeito, para iniciar, a seguir, a procura do saber, ou, ao contrário, primeiro o saber, para iniciar a procura do sujeito, fica impossível pensar a relação com o saber. O que devemos postular, de imediato, é essa relação.

Segundo, essas análises têm conseqüências teóricas. Assim, por diversas vezes, tenho falado, em nosso livro de 1992 (Charlot, Bautier e Rochex), em alunos para quem o saber "tem um sentido e um valor como tal". Existe aí uma insuficiência na expressão e na análise. Se o saber é relação, o valor e o sentido do saber nascem das relações induzidas e supostas por sua apropriação. Em outras palavras, um saber só tem sentido e valor por referência às relações que supõe e produz com o mundo, consigo, com os outros. Os alunos para quem o saber tem, ao que parece, "um sentido e um valor como tal", são os que conferem um sentido e um valor ao saber-objeto sob sua forma substancializada; o que supõe relações de um tipo particular com o mundo, consigo e com os outros.

Por fim, essas análises têm, muito evidentemente, importantes conseqüências pedagógicas. Se o saber é relação, o processo que leva a adotar uma relação de saber com o mundo é que deve ser o objeto de uma educação intelectual e, não, a acumulação de conteúdos intelectuais. Cuidado, porém: esse processo não é puramente cognitivo e didático. Trata-se de levar uma criança a inscrever-se em um certo tipo de relação com o mundo, consigo e com os outros, que proporciona prazer, mas sempre implica a renúncia, provisória ou profunda, de outras formas de relação com o mundo, consigo e com os outros. Nesse sentido, a questão do saber sempre é uma questão identitária, também. Entende-se melhor, assim, a profundeza das novelas que Annie Arnaux dedicou à sua história de escola (notadamente, *Les armoires vides*, 1974) e a pertinência do termo "trânsfuga" que J.P. Terrail utiliza para designar essas crianças de famílias populares que mudam de mundo graças ao sucesso escolar (Terrail, 1990).

Ainda no plano pedagógico, entende-se melhor também o erro dos que, há vários anos, invadem os meios de comunicação de massas para combater, em nome da Razão, qualquer tentativa de inovação pedagógica. Pretendem-se os herdeiros dos que travaram, ao longo da História, o combate da Razão contra as paixões (versão filosófica), ou contra o obscurantismo (versão republicana). Nobre e grande ambição, louvável exigência ética e política, que nos lembra que o homem é passível de educação e que o acesso às formas mais elaboradas da atividade intelectual é virtualmente prometido a todo indivíduo que pertença à espécie humana. Endosso esse princípio e essa exigência. Mas isso não resolve o problema da educação, que é precisamente o de saber como pode ser atualizado o que é dado ao homem apenas potencialmente; como a Razão humana, presente de maneira virtual em cada criança, o consegue efetivamente. Para responder essa pergunta, a filosofia clássica desenvolvia uma teoria da depuração: a disciplina liberta a criança das paixões, das emoções, do mal, etc., e a Razão triunfa. Para a responder, de minha parte, procuro compreender qual é o tipo de relação com o mundo e com o saber que a criança deve construir, com a ajuda da escola, para ter acesso ao pleno uso das potencialidades escondidas na mente humana. O discurso sobre a Razão que alguns intelectuais espalham nos meios de comunicação de massas apresenta a particularidade de não responder essa pergunta e, até, a de não permitir, de maneira obstinada, que ela seja feita[7]. O combate não é mais o da Razão contra as paixões, mas o da Razão contra a Pedagogia! Não é isso senão um conservadorismo social e pedagógico, pudicamente coberto pelo véu de Condorcet. Com efeito, se a Razão está virtualmente presente em cada homem, seu uso torna-se otimizado somente através da educação; uma educação que permita descobrir outra forma de relação com o mundo que não a construída no dia-a-dia das famílias populares. Negar-se a tomar em consideração as dificuldades específicas enfrentadas pelos filhos das famílias populares para aceder ao uso otimizado da Razão é na verdade negar-lhes o acesso a esse uso; e isso, em nome da universalidade da Razão! A defesa dos privilégios em nome do universal é a força profunda de todas as ideologias, tanto mais mistificadoras, no caso, quanto se apresentam como portadoras dos direitos da Razão.

2   As figuras do "aprender"

Todo ser humano aprende: se não aprendesse, não se tornaria humano. Aprender, no entanto, não equivale a adquirir um saber, entendido como conteúdo intelectual: a apropriação de um saber-objeto não é senão uma das figuras do aprender.

Há aí uma questão-chave para compreender-se a experiência escolar; e, particularmente, a experiência do fracasso escolar. Quando começamos nossa pesquisa sobre os "colégios", pressentíamos que aprender nem sempre tinha o mesmo sentido para os docentes e para os alunos. Conhecíamos esta cena, quase clássica: o professor envia uma criança para o quadro e pede-lhe para recitar a lição, o aluno rapidamente perde pé, o professor o manda de volta a seu lugar, censurando-o rudemente por não ter aprendido ("como sempre..."), o aluno sai resmungando ("eu tinha aprendido isso..."). Muitas vezes, o aluno está de boa fé, o professor também: acontece que eles não dão o mesmo sentido à palavra aprender[8]. Mesmo preparados, nos surpreendemos muitas vezes com a extensão dos mal-entendidos. O exemplo mais marcante que eu conheça foi-me dado por uma estudante: ao interrogar uma criança de sete anos de idade, que repetia a segunda série, e lhe perguntar que fazia, quando não conseguia ler uma palavra, recebeu esta resposta: "se eu não sei ler uma palavra, leio outra". A resposta é lógica, ao menos, na lógica desse aluno que, como muitos outros, mantém uma relação binária com o saber: só se pode aprender o que já se sabe; quando não se sabe, não se pode aprender[9]. De maneira mais geral, muitos alunos instalam-se em uma figura do aprender que não é pertinente para a aquisição de saber e, portanto, para ter sucesso na escola.

2.1 As figuras do aprender: referências

Façamos o inventário das figuras sob as quais o saber e o "aprender" se apresentam para as crianças.

As crianças são confrontadas com a necessidade de aprender, ao encontrarem, em um mundo já presente:

- objetos-saberes[10], isto é, objetos aos quais um saber está incorporado: livros, monumentos e obras de arte, programas de televisão "culturais...";
- objetos cujo uso deve ser aprendido, desde os mais familiares (escova de dentes, cordões do sapato...) até os mais elaborados (máquina fotográfica, computador...);
- atividades a serem dominadas, de estatuto variado: ler, nadar, desmontar um motor;
- dispositivos relacionais nos quais há que entrar e formas relacionais das quais se devem apropriar, quer se trate de agradecer, quer de iniciar uma relação amorosa.

Ante esses objetos, essas atividades, esses dispositivos e formas, o indivíduo que "aprende" não faz a mesma coisa; o aprendizado não passa pelos mesmos processos. Existe aí um problema cuja dimensão não é apenas cognitiva e didática. A questão é mais radical: aprender será exercer que tipo de atividade? Analisar esse ponto é trabalhar a relação com o saber enquanto relação *epistêmica*[11].

Essa abordagem epistêmica, no entanto, não esgota o inventário das figuras do aprender. Aprender, é exercer uma atividade *em situação*: em um local, em um momento da sua história e em condições de tempo diversas, com a ajuda de pessoas que ajudam a aprender. A relação com o saber é relação com o mundo, em um sentido geral, mas é, também, relação com esses mundos particulares (meios, espaços...) nos quais a criança vive e aprende. A esse respeito, não posso propor um inventário tão formalizado como aquele que acabo de elaborar no nível epistêmico; isso requer pesquisas. Posso, entretanto, adiantar alguns pontos de referências.

Os locais nos quais a criança aprende possuem estatutos diferentes do ponto de vista do aprendizado. Alguns são simplesmente locais onde se vive (por exemplo, um conjunto residencial). Outros dedicam-se a uma atividade específica que não é a educação ou a instrução (por exemplo, a empresa). Outros, por fim, têm como função própria a de educar, instruir, formar. Um local pode, aliás, assumir várias funções, que se sobrepõem. A família é espaço de vida, célula econômica (de produção ou consumo) e grupo afetivo do qual uma das principais funções é a de educar. A empresa dedica-se à produção; a igreja, à atividade espiritual; mas elas contribuem também para formar indivíduos. A função central da escola é instruir, mas ela participa da educação e é também um espaço de vida[12]. Admitindo-se que as diversas atividades desenvolvidas em uma sociedade não são regidas pela mesma lógica, a importância dessa questão surge imediatamente: existem locais mais adequados do que outros para implementar tal ou qual figura do aprender.

Nesses locais, as crianças aprendem ao contato de pessoas com as quais mantêm relações, que assumem formas diversas (pais, professores, monitores, animadores esportivos ou socioculturais, mas também vizinhos, amigos...). Mesmo se essas pessoas têm a tarefa específica de instruir ou educar, não podem ser reduzidas a essas tarefas. Assim, um professor instrui e educa, mas é, também, agente de uma instituição, representante de uma disciplina do ensino, indivíduo singular mais, ou menos, simpático. As relações que um aluno mantém com esse professor são sobredeterminadas: são relações com seu saber, com seu profissionalismo, com seu estatuto institucional, com sua pessoa. Uma vez mais, a questão é importante: o aluno pode atribuir outros sentidos a uma relação definida, em princípio, como relação de saber (o professor também, aliás).

Por fim, a situação de aprendizado não é apenas marcada pelo local e pelas pessoas, mas também por um momento. Aprender, sob qualquer figura que seja, é sempre aprender em um momento de minha história, mas, também, em um momento de outras histórias: as da humanidade, da sociedade na qual eu vivo, do espaço no qual eu aprendo, das pessoas que estão encarregadas de ensinar-me. "A relação pedagógica é um *momento*, isto é, um conjunto de percepções, de representações, de projetos atuais que se inscrevem em uma apropriação dos passados individuais e das projeções – que cada um constrói – do futuro"[13]. Novamente, é importante a questão: aprende-se porque se tem *oportunidades* de aprender, em um momento em que se está, mais ou menos, disponível para aproveitar essas oportunidades; às vezes, entretanto, a ocasião não voltará a surgir: aprender é, então, uma *obrigação* (ou uma "chance" que se deixou passar).

Qualquer que seja a figura do aprender, o espaço do aprendizado é, portanto, um espaço-tempo partilhado com outros homens. O que está em jogo nesse espaço-tempo não é meramente epistêmico e didático. Estão em jogo também relações com os outros e relações consigo próprio: quem sou eu, para os outros e para mim mesmo, eu, que sou capaz de aprender isso, ou que não o consigo? Analisar esse ponto é trabalhar a relação com o saber enquanto relação *identitária*.

Voltarei, sucessivamente, a essas duas questões, a epistêmica e a identitária.

2.2 A relação epistêmica com o saber

O inventário das figuras do aprender permite encontrar as três formas de relação epistêmica com o saber, que identificamos a partir dos discursos dos colegiais (Charlot, Bautier e Rochex, 1992).

Do ponto de vista epistêmico, aprender pode ser apropriar-se de um objeto virtual (o "saber"), encarnado em objetos empíricos (por exemplo, os livros), abrigado em locais (a escola...), possuído por pessoas que já percorreram o caminho (os docentes...). Aprender, então, é "colocar coisas na cabeça", tomar posse de saberes-objeto, de conteúdos intelectuais que podem ser designados, de maneira precisa (o teorema de Pitágoras, os galo-romanos...), ou imprecisa ("na escola, se aprende um montão de coisas"). Aprender é uma atividade de apropriação de um saber que não se possui, mas cuja existência é depositada em objetos, locais, pessoas. Essas, que já trilharam o caminho que eu devo seguir, podem ajudar-me a aprender, isto é, executar uma função de acompanhamento, de mediação. Aprender é passar da não-posse à posse, da identificação de um saber virtual à sua apropriação real. Essa relação epistêmica é relação com um saber-objeto. Ora, o saber só pode assumir a forma de objeto através da linguagem; melhor ainda, da linguagem escrita, que lhe confere uma existência aparentemente independente de um sujeito (Lahire, 1993a e b). Também, chamamos *objetivação-denominação* o processo epistêmico que constitui, em um mesmo movimento, um saber-objeto e um sujeito consciente de ter-se apropriado de tal saber. O saber aparece então como existente em si mesmo, em um universo de saberes distinto do mundo da ação, das percepções, das emoções. O processo de construção do saber pode, então, situar-se atrás do produto: o saber pode ser enunciado sem a evocação do processo de aprendizado; pode-se, assim, falar no teorema de Pitágoras sem nada dizer da atividade que permitiu aprendê-lo.

Não obstante, existem outras relações epistêmicas com o saber (as quais são antes relações epistêmicas com o aprender).

Aprender pode ser também dominar uma atividade, ou capacitar-se a utilizar um objeto de forma pertinente. Não é mais passar da não-posse à posse de um objeto (o "saber"), mas, sim, do não-domínio ao domínio de uma atividade. Esse domínio se inscreve no corpo. O sujeito epistêmico é, então, o sujeito encarnado em um corpo, entendendo-se por isso, no caso, não um sistema de órgãos distinto da "alma", mas, sim, o corpo tal como foi definido por Merleau-Ponty. O corpo é um lugar de apropriação do mundo, um "conjunto de significações vivenciadas", um sistema de ações em direção ao mundo, aberto às situações reais, mas, também, virtuais. O corpo é o sujeito enquanto engajado no "movimento da existência", enquanto "habitante do espaço e do tempo" (Merleau-Ponty, 1945). Existe, de fato, um Eu, nessa relação epistêmica com o aprender, mas não é o Eu reflexivo que abre um universo de saberes-objetos, é um Eu imerso em uma dada situação, um Eu que é corpo, percepções, sistema de atos em um mundo correlato de seus atos (como possibilidade de agir, como valor de certas ações, como efeito dos atos). Assim, chamamos *imbricação do Eu na situação* o processo epistêmico em que o aprender é o domínio de uma atividade "engajada" no mundo.

Esse processo não engendra um produto que poderia tornar-se autônomo sob a forma de um saber-objeto que pudesse ser nomeado sem referência a uma atividade. Aprender a nadar é aprender a própria atividade, de maneira que o produto do aprendizado, nesse caso, não pode ser separado da atividade. Pode-se, no entanto, adotar uma posição reflexiva (metacognitiva[14]) e designar a atividade através de um substantivo que lhe dá a aparência de um saber-objeto: aprender a nadar será aprender "a natação", aprender a fazer adições ou a utilizar um computador tornar-se-á aprender "a adição" ou "a informática". De maneira mais geral, elaborar uma "tecnologia" é produzir, pois, um conjunto de enunciados articulados que expressam por meio de palavras uma atividade (a própria atividade, seu material, os recursos e as ferramentas que utiliza, as condições de sua realização, etc.).

Tal expressão discursiva tem seu interesse: indica que uma cultura da atividade é possível, através de um distanciamento reflexivo. Todavia, o aprendizado desses enunciados não é o eqüivalente do aprendizado da própria atividade. Por um lado, uma enunciação exaustiva é difícil e, às vezes, impossível[15].

Quanto mais a atividade for submetida a minivariações da situação, tanto mais estará inscrita no corpo; e maior será a dificuldade de expô-la integralmente sob a forma de enunciados. Inversamente, quanto mais a atividade estiver próxima de um algoritmo (sucessão de atos normatizada e sem ambigüidade), maior a possibilidade de enunciá-la. Fazer uma adição ou utilizar um computador pode-se mais facilmente expressar com palavras do que nadar ou dirigir um carro. Por outro lado, a apropriação do enunciado, por mais exaustiva que seja, nunca é equivalente ao domínio da atividade. Não só estudar "a natação" não basta para saber nadar, como, também, conhecer "a informática" não garante que se saberá utilizar um computador; mesmo que, é claro, isso ajude; no primeiro caso mais ainda do que no segundo. Trata-se aí de duas relações epistêmicas diferentes: aprender a nadar é procurar dominar uma atividade, aprender "a natação" é referir-se a essa atividade como a um conjunto de enunciados (normativos) que constituem um saber-objeto. Seria provavelmente interessante perguntar às crianças se estão aprendendo a nadar, ou se estão aprendendo a natação, analisando desse ponto de vista sua conduta durante a atividade.

Por fim, aprender pode ser também aprender a ser solidário, desconfiado, responsável, paciente...; a mentir, a brigar, a ajudar os outros...; em suma, a "entender as pessoas", "conhecer a vida", saber quem se é. Significa, então, entrar em um dispositivo relacional, apropriar-se de uma forma intersubjetiva, garantir um certo controle de seu desenvolvimento pessoal, construir de maneira reflexiva uma imagem de si mesmo. Assim como no caso anterior, aprender é passar do não-domínio para o domínio e, não, constituir um saber-objeto. Trata-se, dessa vez, porém, de dominar uma relação e, não, uma atividade: a relação consigo próprio, a relação com os outros; a relação consigo próprio através da relação com os outros e reciprocamente. Aprender é tornar-se capaz de regular essa relação e encontrar a distância conveniente entre si e os outros, entre si e si mesmo; e isso, em situação. Assim, chamamos esse processo epistêmico *distanciação-regulação*. Aqui, o sujeito epistêmico é o sujeito afetivo e relacional, definido por sentimentos e emoções em situação e em ato; isto é – para não recorrer a algo inapreensível – o sujeito como sistema de condutas relacionais, como conjunto de processos psíquicos implementados nas relações com os outros e consigo mesmo.

Aprender, então, é dominar uma relação, de maneira que, nesse caso tampouco, o produto do aprendizado não pode ser autonomizado, separado da relação em situação. Todavia, aí também, pode-se adotar uma posição reflexiva e designar a relação. Pode ser nomeada por um substantivo: aprendi a solidariedade, o ódio, a hipocrisia, a perseverança, a confiança em mim... É amiúde posta em palavras sob a forma de princípios, de regras, cujo estatuto pode ser dos mais variados: amarás ao teu próximo como a ti mesmo; "age de maneira a sempre tratar a humanidade tão bem em tua pessoa como na pessoa de qualquer outro, sempre, ao mesmo tempo, como fim, nunca, simplesmente, como um meio" (Kant, 1785); "os amigos, isso pode ser legal, mas, mais atrapalham do que ajudam" (um colegial); ou "a confiança é uma coisa da qual se deve desconfiar" (*idem*). Não obstante, assim como no caso anterior, a apropriação de tais enunciados não é o equivalente do aprendizado da própria relação, em situação e em ato; a prática psicanalítica confirma que a mera verbalização não pode reestruturar o sistema relacional do sujeito, o qual deve "reviver" as situações no quadro da "transferência".

No termo desta análise, e para evitar um grave erro de interpretação, eu queria precisar um ponto: não se trata aqui de diferenças entre "o concreto" e "o abstrato", "a prática" e " a teoria". Tal interpretação espontânea não deixa de ter fundamento e compreende-se que ela seja constantemente produzida e reproduzida: certos alunos compreendem algo somente em referência a situações, enquanto que outros são capazes de orientar-se em universos de saberes-objetos, de maneira que os primeiros são designados como "concretos", e os segundos, como "abstratos". Não obstante, tal interpretação está errada, pois ela traduz *relações* epistêmicas em *características* do aluno ou da "realidade". "O concreto", "o abstrato", "a prática", "a teoria" não existem como forma de ser, quer se trate do aluno, quer do mundo. O que é designado assim, de maneira grosseira e não pertinente, é uma *relação*: a relação com o mundo enquanto conjunto de situações e relações nas quais está engajado um sujeito encarnado, ativo, temporal, provido de uma afetividade; ou uma relação com um mundo posto à distância e em palavras. Em cada uma dessas três figuras do aprender, em cada um desses três processos epistêmicos, há uma atividade, mesmo que seja de natureza diferente (constituição de um universo de saberes-objetos, ação no mundo, regulação da relação com outros e consigo). Em cada uma dessas figuras, em cada um desses processos, há um sujeito, portanto, uma forma de consciência, o que impede a redução da aprendizagem a algo "concreto". Embora essa consciência seja reflexiva apenas na primeira figura, nem por isso ela está ausente das outras duas: o indivíduo controla suas ações ou suas relações, está mergulhado na situação, mas não se dissolve nela, ele tem consciência do que está acontecendo, do que está fazendo, do que está vivendo; e essa consciência pode tornar-se reflexiva e gerar enunciados. O que é diferente nessas três figuras é a relação com o saber e, não, características "naturais" e ontológicas do aluno ou do mundo. Há aí um ponto muito importante do ponto de vista pedagógico: um espírito "concreto" e "prático" não é algo que se mude, ou, então, o faz muito dificilmente, enquanto que uma relação com o saber é algo que se constrói.

2.3 A relação de identidade com o saber

Toda relação com o saber, enquanto relação de um sujeito com seu mundo, é relação com o mundo e com uma forma de apropriação do mundo: toda relação com o saber apresenta uma dimensão epistêmica[16]. Mas qualquer relação com o saber comporta também uma dimensão *de identidade*: aprender faz sentido por referência à história do sujeito, às suas expectativas, às suas referências, à sua concepção da vida, às suas relações com os outros, à imagem que tem de si e à que quer dar de si aos outros.

Toda relação com o saber é também relação consigo próprio: através do "aprender", qualquer que seja a figura sob a qual se apresente, sempre está em jogo a construção de si mesmo e seu eco reflexivo, a imagem de si. A criança e o adolescente aprendem para conquistar sua independência e para tornar-se "alguém". Sabe-se que o sucesso escolar produz um potente efeito de segurança e de reforço narcísico, enquanto que o fracasso causa grandes estragos na relação consigo mesmo (com, como eventual conseqüência, a depressão, a droga, a violência, inclusive a suicida). Em princípio, existem muitas maneiras de "tornar-se alguém", através das diferentes figuras do aprender; mas a sociedade moderna tende a impor a figura do saber-objeto (do sucesso escolar) como sendo uma passagem obrigatória, para se ter o direito de ser "alguém".

Toda relação com o saber é também relação com o outro. Esse outro é aquele que me ajuda a aprender a matemática, aquele que me mostra como desmontar um motor, aquele que eu admiro ou detesto. Isso não basta, porém. Esse outro não é apenas aquele que está fisicamente presente, é, também, aquele "fantasma do outro" que cada um leva em si. Compreender um teorema matemático é apropriar-se de um saber (relação com o mundo), sentir-se inteligente (relação consigo), mas, também, compreender algo que nem todo o mundo compreende, ter acesso a um mundo que é partilhado com alguns, mas, não, com todos, participar de uma comunidade das inteligências (relação com o outro). Da mesma maneira, ser capaz de desmontar um motor é ingressar na comunidade (virtual) daqueles que têm essa mesma capacidade. Por fim, a relação que eu mantenho com uma pessoa está "sob o olhar" de um outro virtual que contribui para regulá-la: diz-me quão grande é esse amor, quão legítimo é esse ódio, quão nobre é essa dedicação. Aprender sempre é entrar em uma relação com o outro, o outro fisicamente presente em meu mundo, mas também esse outro virtual que cada um leva dentro de si como interlocutor. Toda relação com o saber comporta, pois, uma dimensão relacional, que é parte integrante da dimensão identitária[17].

Não se pense que se trate aqui de debates puramente "teóricos". Esses pontos são essenciais para entender o que ocorre em uma sala de aula. Assim, o que é uma aula "interessante"? Será uma aula que é interessante "em si" (relação com o mundo)? Uma aula que é interessante para mim? Uma aula dada por um professor interessante (relação com o outro)? Pessoalmente, eu passei horas em volta dessa questão, rastreando mínimas nuanças em discursos de alunos de liceus profissionais, e só saí do túnel graças a essa análise teórica da relação com o saber: uma aula "interessante" é uma aula na qual se estabeleça, em uma forma específica, uma relação com o mundo, uma relação consigo mesmo e uma relação com o outro. Outro exemplo: por que certos alunos, em número bastante grande, afirmam que "há anos em que eu gosto da matemática porque eu gosto do professor e há anos em que fico nulo em matemática porque eu não gosto do professor"? A relação com a matemática, nesse caso, está na dependência da relação com o docente e da relação do aluno consigo mesmo (ele diz, "eu gosto"): a relação com o mundo depende da relação com o outro e da relação consigo. Está claro que as questões aqui imbricadas são ao mesmo tempo epistêmicas e de identidade.

2.4 A relação social com o saber

Queria lembrar, por fim, que "o mundo", "eu", e "o outro" não são meras entidades. "O mundo" é aquele em que a criança vive, um mundo desigual, estruturado por relações sociais. "Eu", "o sujeito", é um aluno que ocupa uma posição, social e escolar, que tem uma história, marcada por encontros, eventos, rupturas, esperanças, a aspiração a "ter uma boa profissão", a "tornar-se alguém", etc. "O outro" são pais que atribuem missões ao filho, professores que "explicam" de maneira mais ou menos correta, que estimulam ou, às vezes, proferem insuportáveis "palavras de fatalidade"[18]. Não há relação com o saber senão a de um sujeito. Não há sujeito senão em um mundo e em uma relação com o outro. Mas não há mundo e outro senão já presentes, sob formas que preexistem. A relação com o saber não deixa de ser uma relação social, embora sendo de um sujeito.

Esses dois pontos, no entanto, necessitam ser precisados.

Primeiro, essa dimensão social não se acrescenta às dimensões epistêmica e identitária: ela contribui para dar-lhes uma forma particular. O sujeito não tem, por um lado, uma identidade, por outro, um ser social: esses aspectos são inseparáveis. Da mesma maneira, a preferência do sujeito por tal ou qual figura do aprender pode ser posta em correspondência com sua identidade social. Não é certamente nenhum acaso se os meninos das famílias populares valorizam "o aprender" que permite "virar-se" em qualquer situação: eles precisam, efetivamente, aprender o uso de um mundo que não foi organizado em seu favor. Tampouco é um acaso se as meninas, qualquer que seja sua origem social, se interessam particularmente pelo domínio das formas relacionais: muitas vezes, a inteligência relacional lhes é necessária para contornarem a desigualdade social entre os sexos. Mas, cuidado! evite-se que se reproduza aqui um avatar do "*handicap* sociocultural". Trata-se de uma *correspondência*, de tipo probabilista e, não, determinista e que funciona em ambas direções: a identidade social induz a preferências quanto às figuras do aprender, mas o interesse por tal ou qual figura do aprender contribui para a construção da identidade.

Segundo, que a relação com o saber seja social não quer dizer que deva ser posta em correspondência com uma mera *posição* social. É verdade que essa posição é importante, mas a sociedade não é apenas um conjunto de posições, ela é também *história*. Para compreender a relação de um indivíduo com o saber, deve-se levar em consideração sua origem social, mas também a evolução do mercado de trabalho, do sistema escolar, das formas culturais, etc. Essa análise é ainda mais necessária quando se produzem rupturas entre as gerações, como é o caso nas sociedades contemporâneas. Assim, a análise da relação com o saber dos jovens escolarizados num liceu profissionalizante deve tomar em consideração o desemprego e o trabalho precário, a criação do *baccalauréat* profissional, as novas formas de ingresso na vida adulta, os debates em torno do valor "trabalho", etc. Se considerássemos apenas a posição social, deixaríamos de lado elementos de análise essenciais para compreender-se a relação com o saber nas escolas profissionalizantes.

Existem aí dois pontos importantes, do ponto de vista do método. Primeiro, a análise da relação com o saber enquanto relação social não deve ser feita independentemente da análise das dimensões epistêmica e identitária, mas, sim, através delas. Segundo, essa análise deve ocupar-se de histórias sociais e não, apenas, de posições ou trajetórias, entendidas como deslocamentos entre posições. A questão em debate é a do aprender enquanto modo de apropriação do mundo e, não, apenas, como modo de acesso a tal ou qual posição nesse mundo.

Notas

1. Pode-se, é certo, ampliar a acepção do termo *saber*, até ele englobar tudo quanto é aprendido. Dir-se-á, então, que se sabe nadar (ou que se sabe mentir), mas hesitar-se-á muito mais em afirmar que "nadar" (ou "mentir") é um "saber". De uma certa maneira, pouco importa que se confira ao termo "saber" uma acepção ampla ou estrita; essa é uma questão de convenção. Em contrapartida, é essencial não confundir as diversas figuras do aprender, sob pena de mergulhar-se em falsos debates, conforme veremos. No sentido estrito, dever-se-ia, portanto, distinguir a "relação com o aprender" (a forma mais geral) da "relação com o saber" (forma específica da "relação com o aprender"). Mas eu não gostaria muito de arrastar, ao longo do texto, uma expressão tão pesada, e de jargão, como "o aprender". Além disso, a expressão "relação com o saber" já entrou no vocabulário das ciências humanas. Continuarei utilizando-a, portanto, em um sentido amplo, quando não houver risco de ambigüidade. Ainda assim, não me proibirei o uso do termo "o aprender" quando o perigo do jargão for menor do que o da falta de clareza...

2. Por "sujeito de saber", entendo aqui o sujeito que se dedica (ou pretende dedicar-se) à busca do saber. Hesitei em utilizar o termo "sujeito epistêmico" e acabei desistindo de fazê-lo, por ser ele utilizado hoje em dia com múltiplos sentidos.

3. Menos ainda, como eu disse, poder-se-ia, partir da pulsão biológica, na busca de objeto.

4. Na verdade, a situação é ainda mais complexa, pois o engenheiro sabe que esse enunciado é "científico". Por isso, precisamente, ele é reconhecido como engenheiro: é capaz de articular uma relação científica e uma relação prática com o mundo. Todas essas questões, provavelmente, têm uma relação com o que Wittgenstein chama "jogos de linguagem". Eu não conheço suficientemente Wittgenstein para aventurar-me por essa via. Só direi, pois, que não se trata apenas de linguagem, mas de relação com o mundo; parece-me que é essa também a posição de Wittgenstein: "A expressão 'jogo de linguagem' deve fazer ressaltar aqui o fato de o falar da linguagem fazer parte de uma atividade ou de uma forma de vida" (Wittgenstein, 1952). Eu devo a M.-L. Martinez o fato de ter chamado minha atenção para essa "pista" em Wittgenstein.

5. Fica entendido que as relações epistemológicas não são *redutíveis* a relações sociais, mesmo que sejam relações entre indivíduos entre os quais existem *também* relações sociais.

6. Para dizer a verdade, se o aluno não se instalar, de maneira alguma, nessa forma de relação com o mundo, não será possível nenhuma apropriação de saber, mesmo frágil e provisória. Se alunos que estudam apenas para "passar de ano"..., às vezes "passam", chegam, eventualmente, às últimas séries, quem sabe, mesmo, ingressam na Universidade, é que, apesar de tudo, eles assumiram, de uma certa maneira, uma relação de saber com o mundo.

7. Estou pensando aqui em J.-C. Milner (1984) e nas posições divulgadas no meios de comunicação de massas por A. Finkielkraut, É. Badinter e vários outros.

8. Para o aluno, aprender pode ser ler uma ou duas vezes, ingurgitar sem compreender ou, inversamente, compreender sem memorizar, e, até, amiúde, passar algum tempo "enfurnado nos livros" (será, então, o tempo utilizado que atestará a conformidade com a demanda da escola, e, não, a atividade intelectual efetiva ou o saber adquirido). Para o professor, aprender é compreender + memorizar + ser capaz de aplicar ou comentar.

9. Entrevista realizada por Fabienne Damo. Observemos que há aí um problema muito sério, abordado por Platão no *Mênon*: como podemos aprender algo? pois, se o sabemos, não é necessário aprendê-lo, e se não o sabemos, não podemos procurar aprendê-lo?

10. Por "objeto-saber", entendo um objeto no qual um saber está incorporado (por exemplo, um livro). Por "saber-objeto", entendo o próprio saber, enquanto "objetivado", isto é, quando se apresenta como um objeto intelectual, como o referente de um conteúdo de pensamento (a modo da Idéia em Platão).

11. Lembro que estou falando ainda de "relação com o saber", no sentido amplo da palavra, pois a expressão já entrou no vocabulário da pesquisa; porém, trata-se, na verdade, de maneira mais geral, de uma "relação com o aprender".

12. Em *L'école en mutation* (1987), eu propus os conceitos de forma educativa e de sistema educativo, para pensar essas articulações de funções e instâncias.

13. R. Hess, *Les surprises de la découverte de l'autre*, Universidade Paris-VIII, abril de 1984. Esse trecho do texto foi escrito em referência às nossas próprias pesquisas e à obra de Henri Lefebvre (Lefebvre, 1959; Hess, 1988).

14. Chama-se *metacognitivo* um conhecimento sobre o conhecimento.

15. Na medida, precisamente, em que nem tudo pode ser enunciado, subsiste uma fronteira entre "a experiência" e "o conhecimento", para retomar os termos utilizados por Y. Schwartz (1988). Sobre essa questão da colocação na forma discursiva, ver também Bautier (1995).

16. Aqui, gostaria de introduzir, no entanto, um matiz, de maneira a levar em conta um caso limite. Pode ocorrer que um sujeito se encerre no imaginário e queira "saber", sem por isso fazer-se a pergunta a respeito do "aprender": pode fantasiar uma situação de onipotência cognitiva, ou, ainda, pensar que crescer permitirá saber (assim, é só esperar...). Nesse caso, a relação com o saber é inteiramente construída em sua dimensão identitária. Mas, fora esse caso limite, toda relação com o saber comporta uma dimensão epistêmica e, em todos os casos, apresenta uma dimensão identitária. A relação com o saber, pois, sempre deve ser analisada na dupla dimensão do epistêmico e do identitário (inclusive, nos casos-limite que eu acabo de mencionar: convém então estabelecer que se está efetivamente no caso-limite, isto é, que o sujeito não está confrontado com a questão do "aprender").

17. Poder-se-ia, aliás, dizer o inverso: a dimensão identitária é parte integrante da dimensão relacional. Não há relação consigo próprio senão como relação com o outro; e não há relação com o outro senão como relação consigo próprio.

18. Devo essa linda expressão a um estudante, Frédéric Géral. Ela designa todas essas palavras que atribuem ao aluno um destino: "nunca farás algo de bom", "sempre serás nulo em matemática", "não passarás no BEP", etc. (Em francês: *paroles de destin.*)

CAPÍTULO

6

A RELAÇÃO COM O SABER: CONCEITOS E DEFINIÇÕES

As análises precedentes permitem explicitar e definir o conceito de relação com o saber.

1   O conceito de relação com o saber

A relação com o saber[1] é uma forma da relação com o mundo: é essa a proposição básica.

Voltemos ao ponto de partida: a condição antropológica, fundamento de toda e qualquer elaboração teórica sobre a relação com o saber. "Por um lado", a criança enquanto indivíduo humano inacabado; "do outro", um mundo pré-existente e já estruturado. Mas, precisamente, não se deve situá-los assim, frente a frente, pois isso impedirá que se pense sua relação. A criança não é um objeto incompleto situado em um "ambiente" (um conjunto de outros objetos em torno dela). Situar o problema em termos de ambiente é precipitar-se em inextricáveis dificuldades, pois, assim, é-se obrigado a raciocinar em termos de influências do ambiente sobre a criança. Mas "a influência" não influencia senão quem se deixa influenciar por essa influência... Um evento, um lugar, uma pessoa produzem efeitos sobre tal indivíduo sem por isso surtir obrigatoriamente um efeito sobre outro indivíduo, que apresenta no entanto as mesmas características objetivas. Em outras palavras, um é "influenciado" e o outro, não. Para entender isso, deve-se procurar a relação que existe entre cada um desses indivíduos e esse evento, esse lugar, etc. Isso quer dizer que, na verdade, a "influência" é uma relação e, não, uma ação exercida pelo ambiente sobre o indivíduo.

É em termos de relações que, efetivamente, se deve pensar, dado que o que está em jogo é um ser vivo e, mais ainda, um sujeito. Um ser vivo não está situado em um ambiente: está em relação com um *meio*. Está biologicamente aberto para esse meio, orientado para ele, dele se alimenta, o assimila[2], de maneira que o que era elemento do meio se torna recurso do ser vivo. Inversamente, o meio não é uma soma de dados físico-químicos, mas, sim, um conjunto de significados vitais. Conforme escreve G. Canguilhem, "um ser vivo não se reduz a uma encruzilhada de influências", "se o ser vivo não procurar, nada receberá", "entre o ser vivo e o meio, a relação se estabelece como debate" (Canguilhem, 1952). Para o homem, esse meio é um mundo, que ele partilha com outros.

A relação com o saber é relação de um sujeito com o mundo, com ele mesmo e com os outros. É relação com o mundo como *conjunto de significados*, mas, também, como *espaço de atividades*, e se inscreve *no tempo*. Precisemos esses três pontos.

O mundo é dado ao homem somente através do que ele percebe, imagina, pensa desse mundo, através do que ele deseja, do que ele sente: o mundo se oferece a ele como conjunto de significados, partilhados com outros homens. O homem só tem um mundo porque tem acesso ao universo dos significados, ao "simbólico"; e nesse universo simbólico é que se estabelecem as relações entre o sujeito e os outros, entre o sujeito e ele mesmo. Assim, a relação com o saber, forma de relação com o mundo, é uma relação com sistemas simbólicos, notadamente, com a linguagem.

Nem por isso devemos esquecer que o sujeito e o mundo não se confundem. O homem tem um corpo, é dinamismo, energia a ser despendida e reconstituída; o mundo tem uma materialidade, ele preexiste, e permanecerá, independentemente do sujeito. Apropriar-se do mundo é também apoderar-se materialmente dele, moldá-lo, transformá-lo. O mundo não é apenas conjunto de significados, é, também, horizonte de atividades. Assim, a relação com o saber implica uma atividade do sujeito. É exatamente para marcar essa "exterioridade" do mundo e do sujeito é que eu falo em "relação" com o saber, de preferência a "ligação" com o saber: o termo "relação" indica melhor que o sujeito se relaciona com algo que lhe é externo (Mosconi, *in* Beillerot, Blanchard-Laville, Mosconi et al., 1996).

Por fim, a relação com o saber é relação com o tempo. A apropriação do mundo, a construção de si mesmo, a inscrição em uma rede de relações com os outros – "o aprender" – requerem tempo e jamais acabam. Esse tempo é o de uma história: a da espécie humana, que transmite um patrimônio a cada geração; a do sujeito; a da linhagem que engendrou o sujeito e que ele engendrará. Esse tempo não é homogêneo, é ritmado por "momentos" significativos, por ocasiões, por rupturas; é o tempo da aventura humana, a da espécie, a do indivíduo. Esse tempo, por fim, se desenvolve em três dimensões, que se interpenetram e se supõem uma à outra: o presente, o passado, o futuro.

São essas as dimensões constitutivas do conceito de relação com o saber. Analisar a relação com o saber é estudar o sujeito confrontado à obrigação de aprender, em um mundo que ele partilha com outros: a relação com o saber é *relação com o mundo, relação consigo mesmo, relação com os outros*. Analisar a relação com o saber é analisar uma relação *simbólica, ativa* e *temporal*. Essa análise concerne à relação com o saber que um sujeito *singular* inscreve num espaço *social*.

2 A relação com o saber como objeto de pesquisa

Um conceito pode ser definido, seja em referência aos dados empíricos que ele pode ordenar e pensar, seja em referência às suas relações constitutivas. Assim, o conceito de árvore denota (designa) carvalhos, pinheiros, as árvores que estão abaixo de minhas janelas e conota (remete a) um vegetal lenhoso que possui um tronco e se ramifica.

Ocorre com o conceito de relação com o saber o mesmo que com todo e qualquer conceito. Analisar a relação com o saber pode ser, de acordo com o momento do processo, seja ordenar dados empíricos, seja identificar relações características. Que faz o pesquisador que estuda a relação com o saber?

Estuda relações com lugares, pessoas, objetos, conteúdos de pensamento, situações, normas relacionais, etc.; na medida em que, é claro, está em jogo a questão do aprender e do saber. Analisa, então, por exemplo, relações com a escola, com os professores, com os pais, com os amigos, com a matemática, com as máquinas, com o desemprego, com o futuro, etc. Pode nomear essas relações pelo que as designa ("com a escola," "com os professores," etc.). Pode, também, se quer evitar uma enumeração, dizer que está estudando *relações com o saber* (ou com o aprender)[3].

Essas relações articulam-se entre si, em configurações cujo número não é infinito[4]: as *figuras do aprender* (que são *figuras da relação com o saber*). O pesquisador analisa essas figuras, que ele constrói reunindo os dados empíricos em constelações[5] e procurando identificar os processos que caracterizam essas figuras. Apresentei, no capítulo anterior, algumas dessas figuras do aprender (atendo-me à dimensão epistêmica). O pesquisador analisa também a articulação dessas relações em um psiquismo singular: dirá, então, que estuda *a relação de um determinado indivíduo com o saber*.

Por fim, o pesquisador se interessa pelas relações entre as diversas figuras da relação com o saber, ou entre as dimensões da relação de um determinado indivíduo com o saber. Isso o leva a estudar as relações constitutivas da relação com o saber e as ligações entre essas relações (relações com o mundo, com o outro, consigo mesmo, com os sistemas simbólicos, com as formas de atividade, com o tempo). Analisa então *a relação com o saber* (enquanto conceito que procura desenvolver).

3 As definições da relação com o saber

A definição da relação com o saber pode remeter para o próprio conceito, ou para um momento dado do processo de pesquisa; tudo depende do destinatário e do uso potencial dessa definição. Talvez seja por isso que eu apresentei uma certa variação nas definições que propus anteriormente; e é essa a razão pela qual hoje proporei *várias* definições.

Em 1982, eu definia a relação com o saber assim: "Chamo relação com o saber o conjunto de imagens, de expectativas e de juízos que concernem ao mesmo tempo ao sentido e à função social do saber e da escola, à disciplina ensinada, à situação de aprendizado e a nós mesmos" (Charlot, 1982)[6]. Essa definição procedia por acumulação de *relações com o saber*. Também, apresenta a vantagem de ser muito "intuitiva" ("concreta", alguns diriam, mas eu evito essa palavra tanto quanto possível...). Ao mesmo tempo, ela ocultava a idéia, essencial, de relação. Pode-se, se assim se quiser, conservar essa definição, sem esquecer, no entanto, que a relação com o saber é um conjunto de relações e, não, uma acumulação de conteúdos psíquicos, e estendendo-se a definição para além do saber-objeto e da escola.

Em 1992, preocupado com o rigor formal, eu propunha a seguinte definição: "A relação com o saber é uma relação de sentido, portanto, de valor, entre um indivíduo (ou um grupo) e os processos ou produtos do saber" (Charlot, Bautier e Rochex, 1992). Essa definição tem o mérito de enfatizar a noção de relação, mas apresenta dois defeitos: por um lado, é tão formal, que tem-se revelado pouco operatória; por outro lado, oculta, desta vez, a pluralidade das relações. Pode-se, se assim se quiser, conservar essa definição, porém, com uma correção: a relação com o saber é um *conjunto* de relações...

Pode-se, também, a partir das análises desenvolvidas nas páginas que precedem, construir uma outra definição (ou várias...). Eu poderia adotar estas:

- A relação com o saber é a relação com o mundo, com o outro, e com ele mesmo, de um sujeito[7] confrontado com a necessidade de aprender;
- A relação com o saber é o conjunto (organizado) das relações que um sujeito mantém com tudo quanto estiver relacionado com "o aprender" e o saber;

- Ou, sob uma forma mais "intuitiva": a relação com o saber é o conjunto das relações que um sujeito mantém com um objeto, um "conteúdo de pensamento", uma atividade, uma relação interpessoal, um lugar, uma pessoa, uma situação, uma ocasião, uma obrigação, etc., ligados de uma certa maneira com o aprender e o saber; e, por isso mesmo, é também relação com a linguagem, relação com o tempo, relação com a ação no mundo e sobre o mundo, relação com os outros e relação consigo mesmo enquanto mais ou menos capaz de aprender tal coisa, em tal situação.

O importante não é a definição "em forma" que se adota, mas, sim, a inserção do conceito de relação com o saber em uma rede de conceitos.

Para continuar trabalhando o conceito e ampliar a rede na qual se inscreve, esclarecerei, agora, as relações entre "relação com o saber", por um lado, e, por outro, "desejo de saber", "representação do saber", "relações de saber", segundo as concebo.

4 Relação com o saber e desejo de saber

O conceito de relação com o saber implica o de desejo: não há relação com o saber senão a de um sujeito; e só há sujeito "desejante". Cuidado, porém: esse desejo é desejo do outro, desejo do mundo, desejo de si próprio; e o desejo de saber (ou de aprender) não é senão uma de suas formas, que advém quando o sujeito experimentou o *prazer* de aprender e saber. É errado, pois, investigar a forma como uma "pulsão" encontra um "objeto" particular chamado "saber" e torna-se assim "desejo de saber". O objeto do desejo está sempre, já, presente: é o outro, o mundo, eu próprio. A *relação* é que se particulariza, não é o objeto da relação que se torna particular: o desejo do mundo, do outro e de si mesmo é que se torna desejo de aprender e saber; e, não, o "desejo" que encontra um objeto novo, "o saber".

Nem por isso a noção de pulsão deixa de interessar: lembra ela que o sujeito é dinamismo, movimento, e não se reduz a um conjunto de relações psíquicas. O erro está em interpretar a dinâmica do sujeito como desenvolvimento psíquico e social de uma pulsão orgânica, quando ela é investimento de um sujeito, por certo, provido de energia vital, porém, imediatamente projetado, por sua condição antropológica, em um mundo humano.

Essa distinção entre o sujeito enquanto conjunto de relações e o sujeito enquanto dinâmica do desejo permitir-me-á fornecer algumas precisões suplementares sobre a relação com o saber.

O sujeito pode ser definido com um conjunto organizado de relações, que os psicólogos entendem como "personalidade", sistemas de instâncias (Id, Ego,

Superego), estrutura... Ora, a relação com o saber também é um conjunto organizado de relações. Em sentido estrito, não é correto, portanto, dizer-se que um sujeito *tem* uma relação com o saber. A relação com o saber é o próprio sujeito, na medida em que deve aprender, apropriar-se do mundo, construir-se. O sujeito *é* relação com o saber.

Fazem sentido, para um sujeito, um "conteúdo de pensamento", uma atividade, uma relação, um lugar, uma pessoa, uma situação, etc., que podem inscrever-se nesse conjunto de relações que o sujeito é. Se estiverem ligados de alguma forma ao aprender ou ao saber, podem inscrever-se nesse conjunto de relações que constitui a relação do sujeito com o saber (ou o sujeito enquanto relação com o saber). Aqui, no entanto, "fazer sentido" quer dizer ter uma "significação" e, não, necessariamente, ter um valor, positivo ou negativo. Por exemplo, a química orgânica, o alpinismo ou as formas relacionais que caracterizam o *gentleman* inglês "fazem sentido" para mim: eu entendo do que se trata, eu sei que isso se aprende. Mas eu não sou nem "a favor", nem "contra" (para dizer a verdade, isso não me importa nada...): desse ponto de vista, não fazem sentido para mim. Passar da significação ao valor supõe que se considere o sujeito enquanto dinâmica do desejo.

Com efeito, o sujeito pode ser definido também como um ser vivo "engajado" em uma dinâmica do desejo; e, nesse caso, ele será estudado como conjunto de processos articulados. O sujeito está polarizado, investe num mundo que, para ele, é espaço de significados e valores: ama, não ama, odeia, procura, foge... Essa dinâmica é temporal e constrói a singularidade do sujeito. Essa não é uma misteriosa intimidade, mas, sim, o efeito de uma história que é original em cada ser humano, por mais semelhante que ele seja, na perspectiva das variáveis objetivas, àqueles que pertencem ao mesmo grupo social. Sou singular, não porque eu escape do social, mas porque tenho uma história[8]: vivo e me construo na sociedade, mas nela vivo coisas que nenhum ser humano, por mais próximo que seja de mim, vive exatamente da mesma maneira.

Essa dinâmica do sujeito mantém a da relação com o saber. É porque o sujeito é desejo que sua relação com o saber coloca em jogo a questão do valor do que ele aprende. Desse ponto de vista, dizer que um objeto, ou uma atividade, um lugar, uma situação, etc., ligados ao saber têm um sentido, não é dizer, simplesmente, que têm uma "significação" (que pode inscrever-se em um conjunto de relações); é dizer, também, que ele pode provocar um desejo, mobilizar, pôr em movimento um sujeito que lhe confere um valor. O desejo é a mola da mobilização e, portanto, da atividade; não o desejo nu, mas, sim, o desejo de um sujeito "engajado" no mundo, em relação com os outros e com ele mesmo. Não esqueçamos, entretanto, que essa dinâmica se desenvolve no tempo: o valor do que aprendemos (seja esse valor positivo, negativo, ou nulo) não é, nunca, adquirido de uma vez por todas.

5 Relação com o saber e representação do saber

O sujeito *tem* representações do saber, ele *é* sua relação com o saber. Às vezes, no entanto, os pesquisadores utilizam a noção de representação num sentido amplo muito distante do que eu entendo como relação com o saber.

Na obra publicada sob sua direção em 1989, D. Jodelet define as representações como "realidades mentais", "versões da realidade, comuns e partilhadas". "A representação mental, assim como a representação pictural, teatral ou política, faz ver esse objeto, faz as vezes dele, está no lugar dele; torna-o presente quando está distante ou ausente". Entendida dessa maneira, a representação é um conteúdo de pensamento, "o representante mental do objeto". A própria D. Jodelet, no entanto, afirma que a representação é "expressiva do sujeito" e que inclui, portanto, "crenças, valores, atitudes, opiniões, imagens". "Representar ou representar-se corresponde a um ato de pensamento com o qual um sujeito se refere a um objeto". Uma vez dada ênfase ao sujeito, as representações aparecem como "sistemas de interpretação" e estão ancoradas "em uma rede de significados". Entendida dessa maneira, a representação está próxima da "relação com...". Essa proximidade é ainda maior no capítulo do livro escrito por M. Gilly. Este define as representações como "conjuntos organizados de significados sociais"; e precisa: "os sistemas de representações sociais relativos à escola não podem ser considerados independentemente de seus vínculos com outros sistemas gerais de representações sociais dos quais dependem" (Gilly, *in* Jodelet, 1989). Ao ser enfatizada a idéia de sistema em relação com outros sistemas, evidencia-se o parentesco entre o conceito de representação e o de relação com o saber. Ainda assim, os dois conceitos permanecem diferentes: em "representações", os elementos do sistema é que são pensados; em "relações com...", são as relações.

A relação com o saber inclui, em geral, representações; por exemplo, a do bom aluno ou do bom professor.

A situação de coleta de dados, porém, tende a cristalizar sob a forma de "representação" aquilo que não existia, talvez, enquanto conteúdo explícito de consciência antes de o pesquisador perguntar-se a respeito. Qualquer jovem é capaz de dizer que é um "bom aluno", mas, nem por isso, pode-se dizer que ele já tem, "na cabeça", uma representação explícita do bom aluno antes de a questão ser-lhe proposta. Ora, o pesquisador terá a tentação, após ter "coletado" essa representação, de explicar certos comportamentos do jovem pela sua representação do bom aluno. Nesse caso, o pesquisador não só provoca a construção de uma imagem mental, como, também, confere a essa imagem o poder de ocasionar condutas. Não acredito que a consciência possa ser descrita assim, como uma soma de representações; e, tampouco, que as condutas sejam simplesmente efeitos das representações. Certos jovens têm, provavelmente, uma representação do bom aluno, já refletiram a esse respeito e podem fornecer ao pesquisador uma imagem já construída e disponível. Na maioria das vezes, no entanto, "bom aluno" é uma significação latente, no cruzamento de diversas relações (com as exigências dos professores, com as relações entre colegas, com as disciplinas escolares, com o que se está disposto a sacrificar à escola, etc.). Deve-se evitar esse paralogismo que Bourdieu tem denunciado: projetar no objeto o método que o pesquisador emprega para construir esse objeto ("colocar o cientista na máquina"); isto é, aqui, imputar ao jovem uma representação que o pesquisador construiu a partir do que o jovem lhe disse.

Não obstante, a relação com o saber inclui provavelmente representações que não são "artefatos". Freqüentemente, porém, são representações de outras coisas, não, do saber. De maneira mais geral, a "relação com" inclui representações que não são necessariamente as representações daquilo a que a relação se refere. Assim, a relação com a escola pode envolver representações da escola, mas, também, do futuro, da família, presente e futura, do trabalho e do desemprego na sociedade de amanhã, das tecnologias modernas, etc.

Por outro lado, em todo caso, a representação do saber é um conteúdo de consciência (inserido em uma rede de significados), enquanto que a relação com o saber é um conjunto de relações (a própria rede). A representação da matemática é um conteúdo de consciência que concerne à matemática, mesmo que induzido pelo pesquisador a partir de um discurso mais amplo. A relação com a matemática é o conjunto das relações que um indivíduo mantém com um X (teoremas, lugares, pessoas, situações, eventos, etc.), que de alguma forma está ligado à matemática.

6 Relação com o saber e relações de saber

Nascer é ingressar em um mundo onde se é obrigado a aprender. Mas outros me precederam nesse mundo (caso contrário, eu não teria nascido...): o mundo no qual eu nasço está organizado, sob uma forma humana e social.

Isso é verdade do mundo enquanto conjunto de significados. As idéias, as emoções, até as percepções, por mais pessoais que sejam, estão ancoradas no social. Eu penso com idéias e palavras que devo a toda a história da humanidade, eu amo segundo formas que foram construídas pela literatura e pela televisão, eu percebo um único tipo de branco onde os latinos percebiam dois.

O mundo enquanto horizonte de atividades também está organizado sob uma forma humana e social. Assume a forma de ferramentas e máquinas, de dispositivos, estruturas, instituições, organizações, divisão do trabalho, etc. O homem os encontra já presentes, quando nasce e, da mesma maneira, encontra formas simbólicas; e é a apropriação desse mundo estruturado por relações sociais que ele empreende.

Apropriar-se do mundo é aprender mecânica de automóvel ou história da arte, aprender a brigar ou a montar a cavalo, a vagar pelas ruas com os colegas, ou a trocar idéias com os amigos, a jogar futebol ou a praticar dança clássica, a gostar de Bach e Picasso, ou a preferir o *rap* e as reproduções dos cavalos da Camarga. Não são os mesmos que aprendem essas coisas, ao menos em termos de probabilidades: a relação com o saber, conforme vimos, é uma relação *social* com o saber.

É preciso, no entanto, distinguir a relação *com* o saber enquanto relação *social* e as relações *de* saber.

Chamo *relações de saber* as relações sociais consideradas sob o ponto de vista do aprender. Entre o engenheiro e o operário, entre o médico e seu paciente existe uma relação *de* saber: uma relação social fundada sobre as diferenças de saber (com cada um mantendo, por outro lado, uma relação *com* o saber). Entre o diretor de uma empresa e seu funcionário, entre o banqueiro e o agricultor para o qual o primeiro empresta dinheiro existe uma relação social que não se fundamenta no saber: a relação de dependência, no caso, não se apóia no saber. Não obstante, sua relação social é sobredeterminada pelo saber: eles não têm os mesmos saberes, não dominam as mesmas atividades e as mesmas formas relacionais; e existem diferenças sociais de legitimidade entre esses saberes, atividades ou formas relacionais.

Após ter assim distinguido relação com o saber "e relações de saber", porém, convém articular essas noções. A relação com o saber do engenheiro, do médico, do operário ou do agricultor não é independente de sua posição social (definida pela sua origem, mas, também, pela sua situação atual), nem das relações de saber a que ela induz. Ocupar tal ou qual lugar nas relações sociais, estar engajado em tal ou qual tipo de relações de saber é ser autorizado, incentivado e, às vezes, obrigado a investir em certas formas de saber, de atividades ou de relações (e a isso levar seus filhos). Um estudante, que era também caminhoneiro, explicou-me um dia que ele tinha de cuidar para não deixar o rádio sintonizado na *France Culture**, pois isso lhe valhia observações sarcásticas dos colegas que o substituiam ao volante. Cada um ocupa na sociedade uma posição, que é também uma posição do ponto de vista do aprender e do saber. Cuidado, porém, para não interpretar essa proposição em termos deterministas: se assim fosse, não se poderia entender que um caminhoneiro pudesse ouvir uma rádio cultural e matricular-se na universidade...

Se a relação com o saber é uma relação social, é porque os homens nascem em um mundo estruturado por relações sociais que são também relações

---

*N. de R.T. Emissora estatal francesa, dedicada a programas culturais em geral, par da "France Musique", dedicada exclusivamente a programas musicais (música erudita, predominantemente).

de saber. O sujeito está imerso nessas relações de saber. Isso, porque ocupa uma posição nesse mundo. Também, porque os objetos, as atividades, os lugares, as pessoas, as situações, etc., com os quais ele se relaciona ao aprender estão, eles, igualmente, inscritos em relações de saber. Mas, se é certo que o sujeito é presa dessa situação, é também certo que se pode libertar dela.

A relação com o saber se constrói em relações sociais de saber. Mostrá-lo, analisar suas modalidades e seus processos talvez seja a tarefa específica de uma sociologia da relação com o saber.

Notas

1. Lembro, novamente, que por "relação com o saber" eu designo a relação com "o aprender", qualquer que seja a figura do aprender e, não apenas, a relação com um saber-objeto, que representa apenas uma das figuras do aprender.

2. O que é muito diferente de "interiorizar". Assimilar não é apenas interiorizar, é *"converter* em sua própria substância" (cf. verbete no *Robert*) O grifo é meu.

3. Para evitar ambigüidade, parece-me preferível reservar a expressão *relações com os saberes* para as relações com os saberes-objeto.

4. Avento, ao menos essa hipótese; uma hipótese é necessária para o pesquisador, que deve postular que seu objeto é passível de ser construído sob formas organizadas e enumeráveis.

5. A noção de constelação foi introduzida em nossa equipe por É. Bautier. Em uma recente tese, L. de Andrade postula a interessante noção de "zonas de aglomeração de propósitos"(1996). "Constelação" remete à reunião dos dados empíricos, "figura" remete para a conceitualização do que foi reunido.

6. Já em 1979, em um livro escrito em colaboração com M. Figeat, utilizei as noções de "relação com o saber" e de "relação com a linguagem", de um artigo de N. Bisseret (1975). Mas eu não me dei ao trabalho, naquele então, de defini-las...

7. Continuo, no entanto, considerando que se pode falar da relação com o saber de um grupo (sem confundi-la com as relações *de* saber) quando, como os sociólogos gostam de fazer, é situado um indivíduo representativo desse grupo, indivíduo esse que pode ser pensado em termos de psiquismo de posição (de *habitus*). Com a (estrita) condição, porém, de não cometer o erro de projetar, a seguir, as conclusões num sujeito membro desse grupo.

8. Essa história não se reduz a uma trajetória. A trajetória é um deslocamento em um espaço (social); é a relação que o observador externo pode estabelecer entre sucessivas posições. A história pertence ao tempo, e, não, ao espaço; é relação entre três dimensões de tempo (presente, passado, e futuro) que se supõem mutuamente e não podem ser justapostas, como as posições; é uma relação constitutiva do sujeito.

CONCLUSÃO

Não existe "o fracasso escolar". É verdade que certos alunos não conseguem "acompanhar", não aprendem o que devem supostamente aprender, repetem o ano ou são orientados para modalidades curriculares desvalorizadas: esses fenômenos, rotulados de "fracasso escolar", são reais. Mas não existe algo chamado "fracasso escolar", que pudesse ser analisado como tal. Para estudar o "fracasso escolar", deve-se, portanto, construir um objeto de pesquisa.

A sociologia mostrou, há mais de 30 anos, que as posições ocupadas pelas crianças no espaço escolar são correlatas das posições dos pais no espaço social. Sobre essa base desenvolveram-se teorias da reprodução, que são sociologias da diferença: pouco a pouco, impôs-se a idéia de que estudar o fracasso escolar é analisar diferenças de sucesso ligadas a diferenças sociais. Aí está uma via de pesquisa muito interessante, mas que não explica a totalidade dos fenômenos evocados pela expressão "fracasso escolar".

Neste livro, eu propus seguir-se outro caminho e analisar-se o "fracasso escolar" em termos de relação com o saber. Construir uma sociologia da relação com o saber implica a transgressão de um tabu: tal sociologia deve ser, de maneira deliberada e sem envergonhar-se, uma sociologia do sujeito. Ao constituir-se como tal, ela encontrará outras disciplinas que também trabalham sobre a questão do sujeito ou a do sentido. Uma sociologia da relação com o saber não pode pretender construir, sozinha, a teoria da relação com o saber, hoje em um estágio embrionário. Gostaria, nesta conclusão, de dizer algumas palavras a esse respeito.

Várias disciplinas podem contribuir para uma teoria da relação com o saber. Cada uma escolherá sua abordagem, mas todas elas devem ter presente a totalidade dos dados do problema. Qualquer que seja a disciplina, ela deve levar em consideração:

- um sujeito,
- em relação com outros sujeitos,
- presa da dinâmica do desejo,
- falante,

- atuante,
- construindo-se em uma história, articulada com a de uma família, de uma sociedade, da própria espécie humana,
- "engajado" em um mundo no qual ocupa uma posição e onde se inscreve em relações sociais.

Quais serão as disciplinas suscetíveis de contribuir para uma teoria da relação com o saber?

Evidentemente, a psicologia está implicada nisso, pois ela se quer ciência do sujeito: a psicologia clínica (inclusive a psicanálise), a psicologia geral, como "metapsicologia", tal ou qual ramo da psicologia (notadamente, a cognitiva).

A sociologia também está implicada, enquanto ciência das relações sociais: a sociologia da educação, obviamente, mas, também, as sociologias que estudam a família, o trabalho... Não existe hoje nenhuma real sociologia do saber, pois essa questão só é abordada de maneira incidental, a propósito dos currículos escolares, da formação ou da produção científica. Torna-se urgente a constituição de uma tal sociologia, pois as sociedades contemporâneas são trabalhadas em profundidade pela questão do saber e, nelas, as relações sociais são sobredeterminadas por relações de saber. Uma sociologia da relação com o saber seria um elemento importante nessa sociologia do saber; sua tarefa específica seria, provavelmente, a de mostrar como a relação com o saber se constrói em relações sociais de saber.

A filosofia e a antropologia, na medida em que se interrogam sobre o sentido e a condição do homem, as ciências da linguagem, seguramente, e a história, provavelmente, também poderiam concorrer para uma teoria da relação com o saber.

As ciências da educação estão implicadas, é claro, nessa teoria. Seu aporte poderia ser duplo. Por um lado, elas têm por vocação centrar-se diretamente na questão do "aprender", em suas múltiplas dimensões, que as disciplinas mais especializadas têm a tendência de desarticular. A esse respeito, elas poderiam exercer seu papel de ponto de encontro interdisciplinar, onde se cruzam, se interrogam e, às vezes, se fecundam questões e resultados oriundos de diversas fontes. Por outro lado, as ciências da educação são um ponto no qual confrontam-se, em uma tensão constante, os conhecimentos, as questões axiológicas (que devemos fazer?) e a preocupação com as práticas (que podemos fazer, e como?) (Charlot, 1995).

Não obstante, não se trata de confundir tudo em um cafarnaum com o nome de "teoria da relação com o saber". Cada disciplina constrói e construirá suas questões, seus objetos e seus métodos. Cada uma poderia e deveria, no entanto, apropriar-se, integrando-as na sua própria lógica, das questões e respostas produzidas por outras. Talvez, assim, uma sociedade do homem pudesse ser construída, não enquanto ciência total, mas, sim, como espaço de "circulação entre as diferentes ordens de pesquisa" (Bruston, 1993). Tamanha ambição implica que os pesquisadores se interroguem também sobre sua própria relação com o saber.

REFERÊNCIAS BIBLIOGRÁFICAS

ANDRADE, Ludmila Thomé de (1996), *Les discours et les lieux de formation des enseignants de langue maternelle. Du savoir savant aux savoirs professionnels*, Thèse de doctorat en sciences de l'éducation (dir. É Bautier), Universidade Paris 8.
BACHELARD, Gaston (1967), *La formation de l'esprit scienfifique*, Paris, Vrin.
BAUDELOT, Christian et ESTABLET, Roger (1971), *L' école capitaliste en France*, Paris, Maspero.
BAUDELOT, Christian et Mauger Gérard (dir.) (1994), *Jeunesses populaires, les générations de la crise*, Paris, L'Harmattan.
BAUTIER, Élisabeth (1995), *Pratiques langagières, pratiques sociales*, Paris, L' Harmattan.
BEILLEROT, Jacky, Bouillet Alain, Blanchard-Laville Claudine, Mosconi Nicole (1989), *Savoir et rapport au savoir, Élaborations théoriques et cliniques*, Paris, éditions universitaires.
BEILLEROT, Jacky, BLANCHARD-Laville Claudine, MOSCONI Nicole (dir.) (1996), *Pour une clinique du rapport au savoir*, Paris, L' Harmattan.
BERTHELOT, Jean-Michel (1990), *L'intelligence du social*, Paris, PUF.
BERTRAND, Michèle, CASANOVA, Antoine, CLOT, Yves, DORAY, Bernard, HURSTEL, Françoise, SCHWARTZ, Yves, SEVE Lucien, TERRAIL, Jean-Pierre (1987), *Je, sur l'individualité*, Paris, Messidor, Éditions sociales.
BISSERET Noëlle (1975), *Classes sociales et langage: au-delà de la problématique privilège/handicap*, L' Homme et la Société, n° 37-38.
BOLK Louis (1926), *Le problème de la genèse humaine*, traduction française par F. Gantheret et G. LAPASSADE, Revue française de psychanalyse, mars-avril 1961.
BOURDIEU, Pierre (1979), *La Distinction*, Paris, Minuit.
BOURDIEU, Pierre (1980), *Le Sens pratique*, Paris, Minuit.
BOURDIEU, Pierre (dir.) (1993), *La Misère du monde*, Paris, Seuil.
BOURDIEU, Pierre (1994), *Raisons pratiques*, Paris, Seuil.
BOURDIEU, Pierre et PASSERON, Jean-Claude (1970), *La Reproduction*, Paris, Minuit.
BOWLES, Samuel et GINTIS, Herbert (1976), *Schooling in Capitalist America*, Nova York, Basic Books.
BRUSTON, André (1993), *Recherche urbaine et disciplines*, Les Chroniques du Plan Urbain, outubro.
CANGUILHEM, Georges (1952), *La Connaissance de la vie*, Paris, nova edição Vrin, 1965.
CANGUILHEM, Georges (1968), *Études d'histoire et de philosophie des sciences*, Paris, Vrin (edição ampliada 1983).
CHARLOT, Bernard (1982), «Je serai ouvrier comme papa, alors à quoi ça me sert d'apprendre? », Échec scolaire, démarche pédagogique et rapport social au savoir, *in* GFEN, *Quelles pratiques pour une autre école?*, Paris, Casterman.
CHARLOT, Bernard (1987), *L' école en mutation*, Paris, Payot.
CHARLOT, Bernard (1990), *Enseigner, former: logique des discours constitués et logique des pratiques*, Recherche et Formation, n° 8.
CHARLOT, Bernard (1995), *Les Sciences de l'éducation, un enjeu, un défi*, Paris, ESF.
CHARLOT, Bernard, BAUTIER, Élisabeth et ROCHEX, Jean-Yves (1992), *École et savoir dans les banlieues... et ailleurs*, Paris, A. Colin.

CHARLOT, Bernard et FIGEAT, Madeleine (1979), *L' école aux enchères*, Paris, Payot.
DICTIONNAIRE historique de la langue française (1993), Paris, éditions Robert.
DUBAR, Claude (1991), *La socialisation. Construction des identités sociales et professionnelles*, Paris, A. Colin.
DUBET, François (1987), *La Galère*, Paris, Fayard.
DUBET, François (1991), *Les Lycéens*, Paris, Seuil.
DUBET, François (1994), *Sociologie de l'expérience*, Paris, Seuil.
DUBET, François et MARTUCCELLI, Danilo (1996), *À l'école, Sociologie de l'expérience scolaire*, Paris, Seuil.
DURKHEIM ÉMILE (1895), *Les règles de la méthode sociologique*, reedição PUF, Paris, 1967.
DURU-BELLAT, Marie (1988), *Le fonctionnement de l'orientation, genèse des inégalités sociales à l'école*, Neuchâtel, Delachaux et Niestlé.
EMAUX, Annie (1974), *Les armoires vides*, Paris, Gallimard.
GALLAND, Olivier (1991). *Sociologie de la jeunesse, L' entrée dans la vie*, Paris, A. Colin.
GILLY, Michel (1989), "Les représentations sociales dans le champ éducatif", *in* Jodelet, Denise (dir.), *Les représentations sociales*, Paris, PUF.
GIRARD, René (1982), *Le Bouc émissaire*, Paris, Grasset.
GOFFMAN, Erving (1963), *Stigmates, les usages sociaux des handicaps*, tradução das Editions de Minuit, Paris, 1975.
GUICHARD, Jean (1993), *L' école et les représentations d'avenir des adolescents*, Paris, PUF.
HEGEL, Georg Wilhelm Friedrich (1807), *La Phénoménologie de l'Esprit*, tradução de Jean Hyppolite, Paris, Editions Aubier Montaigne, 1939.
HESS, Rémi (1988), *Henri Lefebvre et l'aventure du siècle*, Paris, Métailié.
HESS, Rémi (1994), *Les Surprises de la découverte de l'autre*, Universidade Paris VIII, abril.
JACQUES, Francis (1987), "De la signifiance", *Revue de Métaphysique et de morale*, abril-junho.
JODELET, Denise (dir.) (1989), *Les Représentations sociales*, Paris, PUF.
KANT, Emmanuel (1776-1787), *Réflexions sur l'éducation*, Paris, Vrin, 1966.
KANT, Emmanuel (1785), *Fondements de la métaphysique des mœurs*, Paris, Delagrave, 1960.
LACAN, Jacques (1966), *Écrits*, Paris, Seuil.
LAHIRE, Bernard (1993a), *Culture écrite et inégalités scolaires*, Lyon, Presses universitaires de Lyon.
LAHIRE, Bernard (1993b), *La Raison des plus faibles*, Lille, Presses universitaires de Lille.
LANGOUET, Gabriel (1994), *La Démocratisation de l'enseignement aujourd'hui*, Paris, ESF.
LAPASSADE, Georges (1963), *L' entrée dans la vie*, Paris, Éditions de Minuit (10/18), reeditado por Anthropos, 1997.
LAURENS, Jean-Paul (1992), *1 sur 500, La Réussite scolaire en milieu populaire*, Toulouse, Presses Universitaires du Mirail.
LEFEBVRE, Henri (1959), *La Somme et le reste*, Paris, reeditado por Méridiens Klincksieck, 1989.
LEONTIEV, Alexis (1975), *Activité, conscience, personnalité*, tradução francesa, Moscou, éditions du Progrès, 1984.
MALGLAIVE, Gérard (1990), *Enseigner à des adultes*, Paris, PUF.
MARTINEZ, Marie-Louise (1996), *Vers la réduction de la violence à l'école, contribution à l'étude de quelques concepts pour une anthropologie relationnelle de la personne en philosophie de l'éducation*, Tese de doutorado de filosofia (dir. F. Jacques), Paris III Sorbonne nouvelle.
MILNER, Jean-Claude (1984), *De l' école*, Paris, Seuil.
MERLEAU-PONTY Maurice (1945), *Phénoménologie de la perception*, Paris, Gallimard.
MONTANDON, Cléopâtre (1994), "Pratiques éducatives, relation avec l'école et paradigme familial," *in* MONTANDON Cléopâtre et PERRENOUD, Philippe (dir.), *Entre parents et enseignants: un dialogue impossible?*, Berne, Peter Lang, 2e édition.
MONTEIL, Jean-Marc (1985), *Dynamique sociale et systèmes de formation*, Paris, éditions universitaires.
OGBU, John (1978), *Minority Education and Caste*, Nova York e Londres, Academic Press.
OGILVIE, Bertrand (1987), *Lacan, Le sujet*, Paris, PUF.
PLATON, Ménon, Paris, Garnier Flammarion (1967).
QUEIROZ, Jean-Manuel de (1995), *L' école et ses sociologies*. Paris, Nathan.

REPÈRES et références statistiques sur les enseignements et la formation, (1996). Direction de l' Evaluation et de la Prospective, Ministére de l' Éducation Nationale, Paris.
ROCHEX, Jean-Yves (1995), *Le Sens de l'expérience scolaire*, Paris, PUF.
SCHLANGER, Judith (1978), *Une Théorie du savoir*, Paris, Vrin.
SCHWARTZ, Yves (1987), "Travail et usage de soi," in BERTRAND M. et al., *Je, sur l'individualité*, Paris, Messidor, Éditions sociales.
SCHWARTZ, Yves (1988), *Expérience et connaissance du travail*, Paris, Messidor, éditions sociales.
SEVE, Lucien (1968), *Marxisme et théorie de la personnalité*, Paris, éditions sociales.
TERRAIL, Jean-Pierre (1984a), "Familles Ouvrières, école, destin social," *Revue française de sociologie*, XXV-3.
TERRAIL, Jean-Pierre (1984b), "Les ouvriers et l'école, le sens de la réussite," *Société française*, n° 9.
TERRAIL, Jean-Pierre (1987), "Les vertus de la nécessité. Sujet/objet en sociologie", in BERTRAND, M. et al., *Je, sur l'individualité*, Paris, Messidor, Éditions sociales.
TERRAIL, Jean-Pierre (1990), *Destins ouvriers. La fin d'une classe?*, Paris, PUF.
VYGOTSKI, Lev Semionovitch (1930), "Tool and symbol. in children's development," *in Mind in Society*, Harvard University Press, 1978.
VYGOTSKI, Lev Semionovitch (1933), "Enseignement et développement mental," in Schneuwly, Bernard et BRONCKART Jean-Paul, VYGOTSKI aujourd'hui, Neuchâtel, Delachaux et Niestlé, 1985.
VYGOTSKI, Lev Sernionovitch (1934), *Pensée et langage*, tradução francesa, Paris, Éditions Sociales, 1985.
WALLON, Henri (1942), *De l' Acte à la pensée*, Paris, reed. Flamarion, 1970.
WALLON, Henri (1946), "Le rôle de « l'autre » dans la conscience du « moi »," *Journal égyptien de psychologie*, vol. 2, n° 1 (retomado em ENFANCE, n° especial « Henri Wallon, Psychologie et éducation de l'enfance », 1985).
WILLIS, Paul (1978), "L' école des ouvriers," *Actes de la recherche en sciences sociales*, n° 24, novembro.
WITTGENSTEIN, Ludwig (1952), *Investigations philosophiques*, publicado em francês como complemento do *Tractatus logicophilosophicus*, Paris, Gallimard, 1961.
ZEROULOU, Zaihia (1988), "La réussite scolaire des enfants d'immigrés. L' apport d'une approche en termes de mobilisation," *Revue française de sociologie*, XXIX.